康熙来了

纪连海辣说康熙帝

纪连海◎著

中国工人出版社

图书在版编目（CIP）数据

康熙来了：纪连海辣说康熙帝 / 纪连海著. —北京：中国工人出版社，2016.8
ISBN 978-7-5008-6412-7

Ⅰ.①康… Ⅱ.①纪… Ⅲ.①康熙帝（1654～1722）—生平事迹—通俗读物
Ⅳ.①K827=49

中国版本图书馆CIP数据核字（2016）第104278号

康熙来了：纪连海辣说康熙帝

出 版 人	芮宗金
责任编辑	葛忠雨 杨博惠
责任校对	董春娜
责任印制	黄 丽
出版发行	中国工人出版社
地 址	北京市东城区鼓楼外大街45号 邮编：100120
网 址	http://www.wp-china.com
电 话	（010）62350006（总编室） （010）62005039（出版物流部） （010）62379038（社科文艺分社）
发行热线	（010）62005049 （010）62005042（传真）
经 销	各地书店
印 刷	三河市东方印刷有限公司
开 本	710毫米×1000毫米 1/16
印 张	17.25
字 数	221千字
版 次	2016年8月第1版 2020年3月第3次印刷
定 价	36.80元

序言

自1985年著名军旅作家二月河先生创作的《康熙大帝》第一卷出版以来，这清朝入关以来的第二代帝王——清圣祖爱新觉罗·玄烨（年号“康熙”）的故事和传说，就在包括港澳台在内的中国大地上的几乎所有媒体上一浪高过一浪地蔓延开来。

影视剧方面，先是1997年～2007年播出的由宋文扬执导，张国立、邓婕等主演的古装剧情题材电视剧《康熙微服私访记》第一至五部，接下来则是红遍2001年的由陈家林、刘大印执导，陈道明、斯琴高娃、茹萍、李建群、高兰村、胡天鸽等主演的《康熙王朝》。连带着红起来的，还有清圣祖爱新觉罗·玄烨的儿子清世宗爱新觉罗·胤禛（年号“雍正”）和孙子清高宗爱新觉罗·弘历（年号“乾隆”）。

娱乐节目方面，来自中国台湾的电视谈话性娱乐节目《康熙来了》从2004年开播以来，一直持续播出到2016年元月才暂告一段落。不过，这里的“康熙”可不是清圣祖爱新觉罗·玄烨的年号，而是分别取自台湾的两个主持人的名字中的第二个字——蔡康永的“康”和徐熙娣的“熙”。

至于历史普及读物，那就更是数不胜数了。这其中，尤以阎崇年先生的《康熙大帝》最为闻名。

不知道读者朋友们注意到没有，影视剧也好，历史普及读物也罢，貌似在所有有关康熙皇帝的各种描述里，康熙皇帝都没有犯过错误——真是天生贵胄，真是千古一帝！

一个人，从打记事起一直到死，很难做到所做的所有事情，都被后人称赞，都被后人传扬。这样的人，我们在身边从来没有见到过，在历史上也应该从来没有存在过，但康熙皇帝居然就被一些史学、文学和艺术创作者们采用了各种方法，成功地创作成为这样的一个千古伟人。明明霸占着三妻四妾七十二嫔妃，居然史学有人都专门为此撰文辩护说，康熙其实真的不好色！

不服不行！

那么，问题来了：康熙皇帝到底何德何能，才能让后人如此高看他一眼呢？

电视谈话性娱乐节目《康熙来了》走了，我的这本《康熙来了：纪连海辣说康熙帝》来了。

但愿您看了本书之后，能有点儿感悟。

2016年6月26日

目 录

第一章 少年天子

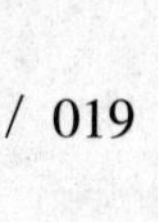

第二章 智擒鳌拜

第三章 三藩之乱

第四章 收复台湾

第五章 三打噶尔丹

第六章 打败俄罗斯

第一章 少年天子

即位真相

讨论康熙的即位问题，离不开顺治的去世之谜之分析。长期以来，一直有所谓的清宫四大疑案这样一个说法。清宫四大疑案是指太后下嫁、顺治出家、雍正夺嫡和乾隆身世。也就是说，这个清军入关以来的第一个皇帝——顺治皇帝死亡的原因、时间和地点，是清宫四大疑案中的第二个疑案。关于顺治出家与死亡原因的问题，我们将在其他书中详细介绍。

一份神秘的遗嘱

顺治皇帝死了之后，按照孝庄皇太后的懿旨和顺治皇帝的遗嘱，由顺治皇帝年仅不足 8 岁的儿子爱新觉罗·玄烨继承皇位，年号康熙。康熙王朝真的来临了！问题在于，顺治皇帝为什么会选择他年仅不足 8 岁的儿子爱新觉罗·玄烨继承皇位呢？

这就引出了顺治皇帝的遗嘱问题。

年仅不足8岁的爱新觉罗·玄烨

纪连海语录

顺治皇帝死了之后，按照孝庄皇太后的懿旨和顺治皇帝的遗嘱，由顺治皇帝年仅不足8岁的儿子爱新觉罗·玄烨继承皇位，年号康熙。康熙王朝真的来临了！

相传，临死前的顺治皇帝是让爱新觉罗·玄烨的师父魏承谟记录的遗诏。

但事实上呢？是魏承谟记录的遗诏吗？

曹雪芹掺和了进来

在查证所有相关的记载后，我们可以知道：绝对不是魏承谟记录的遗诏。

那么，在历史上，记录遗诏的到底是谁呢？

在历史上，记录遗诏的是两个人，一个叫张熙，另一个叫麻勒吉。

那怎么就会出来个魏承谟呢？到底有没有魏承谟这个人？

在查证所有相关的记载后，我们可以知道：历史上根本没有魏承谟这个人。

那么问题又来了，康熙皇帝的师父是谁呢？

我查了查，康熙皇帝的师父叫范承谟。

也就是说，不但魏承谟这个人没有，而且在历史上也没有魏承谟的儿了魏东亭这个人——没有爹，哪里会有儿子呢？

但是，在很多影视剧中，魏东亭这个角色是陪着幼年康熙皇帝读书的。在历史上，陪着幼年康熙皇帝读书的这个角色到底是谁呢？那就是中国历史上一个鼎鼎有名的人物的祖宗。谁啊？曹雪芹的爷爷曹寅。

网络上一直存在一个争论：这个曹寅到底是曹雪芹的父亲，还是曹雪芹的爷爷？我认为这个曹寅应该是曹雪芹的爷爷。

不管怎么说，您可以看到，人家曹雪芹为什么能写出《红楼梦》来？那是人家家学渊源，人家祖上是陪皇上读书的人。

而且曹寅他们家是江宁织造，就是管理南京进贡的丝织品的。那时候南京的丝织品都是给皇帝用的，所以曹寅家也应该是有点儿钱的，再加上曹寅在皇宫里，因此，曹雪芹描述的《红楼梦》里面的那些奢华的生活应该是有的。

太监、和尚和死人

另外，还要提到一个登基大典——在电视剧里面，顺治皇帝死了以后，康熙皇帝即位的时候有一个登基大典，这个登基大典是由吴良辅主持的。

其实，历史上，真正的登基大典是完全不可能由吴良辅来主持的。

为什么呢？这里面有三个原因：

第一个原因：吴良辅是个太监。

您听说谁家登基大典由太监来主持？这不等于说大清朝到这儿就没后代了吗？

此外，在电视剧中，当时吴良辅还有个更加特别的身份，也挺有意思的，他还是鳌拜的干儿子。

这在历史上其实是完全不可能的，鳌拜给吴良辅当干儿子还差不多。您听说过谁家找太监当干儿子的？这不是诅咒人家绝后吗？

您看人家魏忠贤，手下好几十个干儿子，您听说魏忠贤是哪个正常人的干儿子了？不可能的。何况，在当时，吴良辅还是很红的一个人——比鳌拜要红多了。

吴良辅在当时是极红的一个人，但他的红不是因为他是鳌拜的干儿子，而是因为他很受皇帝的赏识，皇帝宠他比宠别人都厉害。皇帝最听他的了。这是为什么呢？因为他是前朝的太监——吴良辅伺候过明朝的皇帝。

到清朝入关以后，他又伺候清朝的皇帝，他知道怎么讨皇帝的欢心——当时整个清朝宫廷里所有的太监都归吴良辅一个人管。

由此可见吴良辅权力之大！而且那一阵子，顺治皇帝跟明朝学了不少陋习——明朝皇帝设置的东厂、西厂、锦衣卫之类，顺治皇帝也设置了类似的特务机构。而且上述衙门统统都归吴良辅管辖。谁家有一点儿风吹草动，比如鳌拜今儿个说皇上什么坏话了，吴良辅马上就可以知道。

第二个原因：吴良辅出家了。

吴良辅为什么会出家呢？吴良辅是替顺治皇帝出家的。您想想，您听说过登基大典找和尚主持的吗？因此，这也不对。所以，已经出家做了和尚的吴良辅是不可能主持登基大典的。

第三个原因：吴良辅这个人没了。

什么叫没了啊？没了就是死了的意思。好好的一个人，一个刚刚成为和尚的吴良辅怎么会没了呢？他是被谁弄死的呢？那当然是孝庄皇太后了。可是，孝庄皇太后为什么要弄死他呢？那是因为孝庄皇太后恨吴良辅。

在孝庄皇太后看来，就是因为你吴良辅天天陪着我儿子，最后让我儿子出家当和尚了；就是因为你吴良辅没照顾好我儿子，天天让我儿子跟董鄂妃泡在一起，最后董鄂妃得天花而死，导致我儿子也因天花而死。你是干吗吃的？没你，我儿子不会有今天这么惨，弄得我们原来是孤儿寡母，现在不是了，现在我们是孤孙寡奶了——这个大清朝真是一场危机连着一场危机啊，这些危机都是你吴良辅造成的。所以她恨吴良辅。

因此，在顺治皇帝去世之后，孝庄太皇太后马上派人处死了吴良辅。

您想想，这个时候的吴良辅已经没命了，他还怎么主持康熙皇帝的登基大典呢？

现在的问题是，顺治皇帝为什么会选择他年仅不足8岁的儿子爱新觉罗·玄烨继承皇位呢?

皇家疾病史

相传，在众多皇子参加的廷试中，这个爱新觉罗·玄烨的表现最为出色，最后他就当上皇帝了。事实是这样吗?

最出色是真的，不过，这个出色不是说爱新觉罗·玄烨的聪明才智，而是说爱新觉罗·玄烨的身体——他的免疫系统最为出色!

这是什么意思呢?

因为早年间，爱新觉罗·玄烨曾得过一场病——天花。而且，他在得天花之后，居然熬过来了!

在这里，我要给大家回顾一下清朝初期皇族得天花的历史:摄政王多尔衮的弟弟多铎是得天花死的，顺治皇帝的妃子董鄂妃是得天花死的，顺治皇帝本人也是得天花死的。

现在，爱新觉罗·玄烨也得天花了。而且，他得天花的时间居然比他的父亲顺治皇帝还早。

那是在他多大的时候呢?一岁多的时候。

根据《汤若望传》的记载，临死之前的顺治皇帝发觉自己身染天花，确定储君就成了燃眉之急。这个时候的顺治皇帝出于对幼主临朝、亲王辅政、大权旁落的忧虑，召见汤若望，告诉他自己的决定:把皇位传给自己的堂兄安亲王岳乐。当时汤若望认为，幼主临朝固然会影响政局，但帝系的转移也会引发新的危机，所以汤若望力劝顺治皇帝把储君之位留给自己的儿子。

这个时候的顺治皇帝又想立次子福全为储君，而孝庄皇太后则坚持立第三子玄烨（即后来的康熙皇帝）为储君。顺治皇帝再度派人去征询汤若望的意见，汤若望也力主立玄烨为储君，理由是玄烨出过天花，对这种可怕的疾病有了终身免疫力。

于是顺治皇帝遗命，以四大臣辅佐年仅不足 8 岁的爱新觉罗·玄烨，由此开创了中国封建社会最后一个盛世时期——康乾盛世。

问题在于，当时别的人出天花之后都死掉了，为什么偏偏这个年仅一岁多的爱新觉罗·玄烨得了天花后却没事呢？他为什么可以熬过来呢？

这是因为一个人——一个女人——一个康熙皇帝身边最为重要的女人对他的照顾。

天花不死

身世那叫一个惨

爱新觉罗·玄烨，出生于1654年5月4日。小玄烨在1655年刚刚一岁多的时候，就得了天花。

当时的爱新觉罗·玄烨的奶奶孝庄皇太后和父亲顺治皇帝都想，反正皇帝还年轻，而且已经有了好几个儿子，也不缺你玄烨这么一个儿子，把他扔出宫廷去算了！随便找一个庙，把他放在那里，与我们隔离——不能因为你一个人，把其他的皇子皇孙都给传染上。然后派一个人照顾玄烨，是死是活只能听天由命了。

当时孝庄皇太后和顺治皇帝就把年仅一岁多的爱新觉罗·玄烨扔到了宫外的一个普通的寺庙——现在的北京市西城区北长街20号。后来爱新觉罗·玄烨活下来了，成为康熙皇帝。康熙皇帝觉得这个地方是一块宝地，就给这个地方起了一个名字叫福佑寺。再后来康熙皇帝看到自己也儿孙满堂了，就把这块宝地留给了他的四儿子——后来的雍正皇帝。雍正皇帝后来又把这个地方留给了乾隆皇帝。现在这个地方是班禅大师驻京办事处，一般人是进不去的。

话说回来，在爱新觉罗·玄烨已经得了天花的情况下，照顾在宫外、已经生病的爱新觉罗·玄烨的责任就落到了一个人——一个女人的身上。

这个人是谁呢？这个人就是电视剧《康熙王朝》中的女二号——苏麻喇姑。

多亏有个“姑”

不过，在一些影视剧中的苏麻喇姑在当时的名字不应该叫苏麻喇姑，而应该叫苏茉儿。

苏茉儿？难道苏茉儿与苏麻喇姑有什么不一样的地方吗？

当然不一样啦！苏茉儿，是蒙语的音译，意思是“毛制的长口袋”；苏麻喇，也是蒙语的音译，意思是“半大口袋”。一个是长口袋，一个是半大口袋，长口袋和半大口袋差着一半呢，怎么能够一样呢？

另外，不同的人对于苏茉儿有着不同的称谓：孝庄皇太后称她为“格格”（“格格”，满语“姑娘”的意思，原来是对女了的通称）；玄烨称她为“额涅”（“额涅”，满语母亲的意思，就是我们现在电视中经常出现的一个称谓“额娘”）；而皇子、公主们则称她为“妈妈”（“妈妈”，满语“奶奶”的意思，也可以用来泛指年长的妇人）。

苏茉儿晚年抚养了康熙皇帝的第十二子，这个孩子经常称呼苏茉儿为“阿扎姑”。“阿扎”为“母亲”之意，而满语中的姑与汉语同义，所以“阿扎姑”相当于“母亲姑”之意。

至于“苏麻喇姑”这一称号，则是在苏茉儿死后，人们参照康熙皇帝的儿子的叫法，加以改进而形成的。所以后世的人只称呼她为“苏麻喇姑”。

清代《大长今》

有人不禁要问，电视连续剧《孝庄秘史》中，孝庄皇太后的贴身小丫鬟不是叫作苏茉儿吗？

我这里说的，其实就是孝庄皇太后的贴身小丫鬟苏茉儿。

很多人都以为《孝庄秘史》和《康熙王朝》这两部电视连续剧中的苏麻喇姑和苏茉儿是虚构的。其实这是错误的。

那么问题就出现了。这两部电视连续剧中的苏麻喇姑和苏茉儿两个人的年龄相差太多了。

现在，我们再来厘清一下，在电视连续剧《孝庄秘史》中，苏茉儿第一次出现是她随同孝庄皇太后——当时还是庄妃——嫁到皇太极他们家来的——也就是说，苏茉儿的年龄应该是跟孝庄皇太后的年龄差不多。而如果按照《康熙王朝》中的说法，苏麻喇姑又应该是一个比孝庄皇太后的孙子爱新觉罗·玄烨——也就是日后的康熙皇帝大十多岁的女人了。

所以在《康熙王朝》这部电视连续剧中，苏茉儿与康熙皇帝两个人之间好像还有一点儿姐弟恋的味道。那么这里面就又出现了一个问题：苏茉儿与康熙皇帝两个人之间的年龄差到底有多大？

其实在年龄的对比上，只要在《康熙王朝》当中去找斯琴高娃扮演的那个孝庄皇太后的年龄，然后再对照茹萍扮演的“苏麻喇姑”的年龄，就可以看到，她们中间差一大截儿，名字一个叫长口袋，一个叫半口袋——大家刚才说了规格减了一半，看来这个年龄上面也给人家压缩了一半。

爱新觉罗·玄烨
得了天花绝症，被
抱到福佑寺里面，
听天由命·一直是
苏茉儿 在照顾着
爱新觉罗·玄烨。

纪连海语录

苏茉儿，是蒙语的音译，意思是『毛制的长口袋』；苏麻喇，也是蒙语的音译，意思是『半大口袋』。一个是长口袋，一个是半大口袋，长口袋和半大口袋差着一半呢，怎么能够一样呢？

上述这两种说法，哪个更加贴近真实的历史呢？

相对而言，电视连续剧《孝庄秘史》中的说法更加真实一些。历史上的苏茉儿，是蒙古族人，她出生在科尔沁大草原一个贫苦牧民的家里，她的具体出生年月我们现在还不是很清楚，但是有一点是可以确定的，苏茉儿与孝庄皇太后的年纪应该差不多——也就是说，苏茉儿也应该出生在1613年前后。1613年，是孝庄皇太后出生的年份。

苏茉儿是如何与孝庄皇太后家认识的呢？按照《康熙王朝》的说法，苏麻喇姑是因为上山采集芨芨草，治愈了玄烨的天花，才被孝庄皇太后看中召入宫中伺候玄烨的。历史上是这样的吗？

生死姐弟恋

事实上完全不是这么回事！说苏麻喇姑找了一种草药芨芨草治愈了玄烨的天花，最后苏麻喇姑也因为被孝庄太皇太后看中进入宫中，这样苏麻喇姑才认识了康熙皇帝。这是完全错误的。这里的错误主要有以下两个方面：

第 ，苏茉儿与康熙皇帝认识的方式不对。

在历史上，苏茉儿早就与孝庄皇太后认识了。由于苏茉儿自幼美丽聪慧，远近皆知，所以很快就被科尔沁贝勒府看中，让她进府当了贝勒寨桑的二女儿布木布泰的贴身侍女。这位二小姐就是后来大名鼎鼎的孝庄皇太后。1625年，孝庄皇太后与皇太极结婚的时候，苏茉儿作为孝庄皇太后的贴身侍女，也随主人到了盛京。可以说苏茉儿本人服侍的是孝庄皇太后，她是看着顺治和康熙父子二人长大的。

第二，苏茉儿与康熙皇帝认识的场合不对。

说苏麻喇姑是因为上山采集茇茇草，治愈了玄烨的天花，才被孝庄皇太后看中，召入宫中伺候玄烨，这是与史实不相符的。

因为苏茉儿本人一生从不服药，她更不可能认识什么茇茇草。

由于历史条件的局限，苏茉儿身上保留着许多落后的习惯。《啸亭杂录》记载，苏麻喇姑终年不洗澡，只是在除夕夜里，才用少量的水稍微洗拭。而且她笃信佛教，甚至生病时不服药，只是向佛祖祈祷。晚年生病时，玄烨赐药给她，她都以自己一生从不服药而加以拒绝。

这些落后的生活习惯是苏麻喇姑童年时期在蒙古草原生活时养成的。

蒙古草原异常缺水，牧民惜水如金，爱水如命。他们认为浪费水是会遭到上天惩罚的，所以他们整年不洗澡，即使除夕夜迎接新年洗去全身污秽的脏水，也要亲自喝下以示忏悔。

而且，蒙古草原缺医少药，牧民生病后得不到应有的治疗，只能向佛祖祈求。

童年的经历在苏麻喇姑的心中打上了深深的烙印，终其一生，都未曾泯灭。

因此我们说，根本就不存在什么因为苏麻喇姑上山采集茇茇草，治愈了玄烨的天花，才被孝庄皇太后看中，召入宫中伺候玄烨的事情。

苏茉儿跟爱新觉罗·玄烨到底是一种什么样的关系呢？

说起来，苏茉儿跟爱新觉罗·玄烨的天花也有关系。但爱新觉罗·玄烨的天花并不是苏茉儿治好的。这是怎么回事儿呢？

我前面说过，爱新觉罗·玄烨得了天花之后，被扔到了寺庙中，谁来照顾爱新觉罗·玄烨的生活呢？

根据《汤若望传》中的记载："一蒙妇携带一使女"，"这位蒙妇为人诚实"，"她说，她的女主人，就是（前）皇帝的母亲"。

前皇帝的母亲那不就是孝庄太皇太后吗？也就是说，照顾病中的爱新觉罗·玄烨的人是孝庄太皇太后身边的一个人。

我推测，这个人就是苏茉儿。

也就是说，苏茉儿对爱新觉罗·玄烨、对后来的康熙皇帝是有大恩的。

当然，在电视连续剧《康熙王朝》里面非常有意思，剧中，康熙皇帝非常喜欢苏麻喇姑，似乎还有点儿姐弟恋的感觉。不过，在电视连续剧《康熙王朝》里，康熙皇帝可是单相思，因为苏麻喇姑爱慕的对象是伍次友。

后来这事儿被孝庄太皇太后知道了，她非常生气，一怒之下，就跟苏麻喇姑说，干脆你苏麻喇姑也别在我的身边当丫鬟了——我看着你眼晕，你去出家吧。结果呢，苏麻喇姑还真的出家了。

那么，在历史上，康熙皇帝与苏茉儿是否真的有这样一段恋情？在历史上，青年时期的康熙皇帝与苏茉儿，到底是一种什么关系呢？

最重要的女人

三个要回答的问题

在历史上，关于康熙皇帝、伍次友与苏茉儿的关系，我们可以分解成下面的三个问题：第一，苏茉儿有没有出家；第二，有没有伍次友这个人；第三，有没有苏茉儿与康熙皇帝的姐弟恋情。

这三个问题，我的回答是：

第一，苏茉儿没有出家。关于这个方面，我在后面还要介绍，这里暂且从略。

第二，历史上没有伍次友这个人。我查阅了一下历史资料，还真没有发现一个叫作伍次友的人——康熙皇帝的老师很多，但就是没有一个名字叫作伍次友。

第三，没有苏茉儿与康熙皇帝的姐弟恋情。这种姐弟恋情根本不可能出现，苏茉儿太大了，要比康熙皇帝大 40 岁！康熙皇帝不会爱上大自己这么多的一个女人吧？康熙皇帝不会爱上跟自己的奶奶一样大岁数的人吧？这不是姐弟恋吧？这都简直成了祖孙恋了。

既然我们否定了苏茉儿与康熙皇帝的姐弟恋情，也否定了苏茉儿与伍次友的恋情——因为历史上没有伍次友这个人，那么新的问题就出现了：苏茉儿在康熙皇帝的一生中，到底起着什么作用呢？

四个突出的作用

在这儿我要一而再、再而三地说，苏麻喇姑这个角色相当重要！那么，历史上的苏茉儿——苏麻喇姑的原型，她对于康熙皇帝的重要性表现在哪些方面呢？

在真实的历史中，苏茉儿这个人的作用表现在以下四个方面。

（一）苏茉儿是康熙皇帝生命中的一个最重要的守护者

关于这个方面，前面已经交代过了，我们说，在爱新觉罗·玄烨还不是康熙皇帝的时候，他得了天花绝症，他的奶奶、当时的孝庄皇太后与他的父亲顺治皇帝把他扔了，扔到福佑寺里面，听天由命、任其发展了。

所以，从这个时候起，就一直是苏茉儿在照顾爱新觉罗·玄烨，直到爱新觉罗·玄烨彻底康复，后来成为一个伟大的皇帝——康熙皇帝。康熙皇帝还开创了中国历史上时间最长的盛世时代——长达 130 多年的康乾盛世！

从某种意义上说，没有苏茉儿，也就没有后来的康熙皇帝——这个大清朝在位时间最长的一个皇帝——当了 61 年皇帝的康熙皇帝；如果没有康熙皇帝，也就肯定没有后来长达 130 多年的康乾盛世。

（二）苏茉儿是康熙皇帝成长过程中最为重要的老师

其实，我们前面也曾讲过，在康熙皇帝的父亲——少年顺治皇帝刚刚登基的时候，康熙皇帝的奶奶、当时的孝庄皇太后与摄政王多尔衮就给这个少年皇帝准备下了三满两汉一蒙六位老师——结果，就教出了一个整天闹着要出家、当和尚的情圣皇帝。

所以，到了后来，这个孝庄皇太后也在想，我这个儿子怎么能够这样？这么多的天下饱学之士，他们都这么有学问，他们怎么把我儿子教成这模样了呢？她在自我总结，问题到底出在了哪里。

最后她也觉得，问题出在孩子不快乐上。你说，虽然这个顺治皇帝他的确是个皇帝，但是他不快乐：天天跟他见面的人，他都很不熟悉，你说他能快乐吗？这些饱学之士，见了顺治皇帝的面儿，就给顺治皇帝上课，你说他能快乐吗？

所以，这个孝庄皇太后——现在已经是孝庄太皇太后了，最后决定：我要找一个老师，这个老师要是一个异性、会哄孩子、什么学问都懂的人，让她来教我的孙子爱新觉罗·玄烨——也就是康熙皇帝——学习文化知识。

孝庄太皇太后遍选天下，最后只选定了一个人，就是康熙皇帝的启蒙老师苏茉儿。为什么会选中苏茉儿做康熙皇帝的启蒙老师呢？

因为苏茉儿符合孝庄太皇太后所提出的上述所有的要求：第一，苏茉儿是异性；第二，苏茉儿会哄孩子；第三，苏茉儿懂得满、蒙、汉三种语言。

关于苏茉儿懂得满、蒙、汉三种语言的问题，可以这么判断：

苏茉儿本身就是蒙古人，所以，她本人对于自己的民族语言——蒙语——是很熟悉的。此外，当时中国境内各民族的人民几乎都会汉语，苏茉儿也不例外，她的汉语水平也很高。此外，苏茉儿随着当时的庄妃进宫，马上就学了满语——根据历史记载，苏茉儿的满语水平在当时的朝廷中可是第一位的。

为什么苏茉儿满语那么好呢？这与满语或满文的历史有一定关系。满语为满洲族所使用的语言，属阿尔泰语系——通古斯语族满语支，是在蒙古文的基础上加以改进而成的一种竖直书写的拼音文字。根据满洲实录记载，1599 年，努尔哈赤命额尔德尼将蒙古文字借来创制满文。虽然努尔哈赤的顾问反对，努尔哈赤仍然继续把蒙古文改为无圈点文字，也称老满文（或称旧满文）。这种新文字通行于当时的建州，对后金国的建立及满洲族的形成有深远的影响。后来达九海更增补了十二个字头，并于老满文字旁边加以圈点，使满文更加完善，这种新文字被称为“新满文”，并通行于后金。

因为满洲人的语言文字是借鉴了蒙语的，所以苏茉儿学起来特别方便，她当时的满语水平已经超过了孝庄太皇太后。

在上述三种语言文字当中，苏茉儿最拿手的是书写满文的字体。苏茉儿的满文书法写得的确是一绝，赢得了当时全宫上下的一致称赞。

说到这儿，我们就得说说，清朝的皇帝大多喜欢舞文弄墨，康熙皇帝也不例外！直到今天，康熙皇帝也有很多墨宝留卜来，这里面也有很多康熙皇帝的题字——满汉都有。从这些康熙皇帝的题字中，我们可以很明显地看到苏茉儿的影子——这正是苏茉儿教育的成果。

虽然我们说康熙皇帝所受到的教育水平、康熙皇帝的学识水平、康熙皇帝治理国家的水平都很高，这里面的确有康熙皇帝本人天资聪颖的因素；但是不可否认的是，康熙皇帝的成功，也是和苏茉儿对康熙皇帝的教育密不可分的——也就是说，对康熙皇帝的成功，苏茉儿起了很重要的作用。

正如嘉庆年间有一个名叫昭梿的人——他写了一本书叫作《啸亭杂

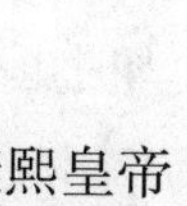

录》——所说的那样，“仁皇帝幼时，赖其（指苏茉儿）训迪，手教国书”。这里的仁皇帝，指的就是康熙。

还不仅仅限于这些，苏茉儿对康熙皇帝的教育除了有文字的基础之外，更重要的是，她在教育康熙皇帝学习文字的过程当中还全方面地对其进行了养成教育。所以苏茉儿教育出来的孩子就跟三满两汉一蒙六位老师教育出来的孩子不一样。您看那个情圣皇帝顺治，想出家，二十几岁暴毙身亡。您看这个孩子，当了61年的皇帝，一生兢兢业业，开创了康乾盛世。

从这个意义上来讲，苏茉儿也是一位教育家，一位杰出的教育家。不仅如此，苏茉儿还是素质教育的身体力行者——在那个时代我们说没有“素质教育”这个词，但是她的确是开创素质教育之先河的一个人。所以，苏茉儿能培养出康熙这样一位伟大的皇帝。

（三）苏茉儿是康熙皇帝儿子的教育者

在影视剧当中，有这样一个场景：孝庄太皇太后病故以后，苏麻喇姑当时也圆寂了。

但是，历史却完全不是这样的。

根据历史上的记载，孝庄太皇太后病逝于1687年。这一年，孝庄太皇太后75岁——在那个年月，孝庄太皇太后已经绝对属于高寿的了。

在此之后，又过了18年——也就是1705年，孝庄太皇太后手下的丫鬟——苏茉儿才去世。

1705年苏茉儿去世的时候，她应该是多大的年纪呢？

我们根据前面的介绍，可以知道，苏茉儿应该出生在1613年前后。由此可以推测，1705年，苏茉儿的年纪应该已经到92岁左右了。

说到这里，我们一定在想这样一个问题：在苏茉儿的主子孝庄太皇太后去世之后，对于如何治理国家，康熙皇帝肯定已经是轻车熟路了——也就是说，从 1687 年以后，苏茉儿应该是没有什么事情可干了。

带着这样的想法，我们一定还会有下面的疑问：

在这种情况下，孤苦伶仃、孤身一人、终身未婚的苏茉儿，应该怎么办呢？这样的人生，还有什么意思呢？

实际情况是这样的吗？

不是这样的！绝对不是这样的！

实际上，在孝庄太皇太后病故以后，对康熙皇帝来说，苏茉儿的位置应该更加重要了。也就是说，在孝庄太皇太后病故之前，苏茉儿在康熙皇帝心目中的位置并不一定是绝对第一位的——孝庄太皇太后的位置可能比苏茉儿的位置要高！但是，在孝庄太皇太后病故以后，对康熙皇帝来说，苏茉儿的位置已经完全上升到了绝对的第一位。

那么，这个时候的苏茉儿，她的重要作用主要表现在什么方面呢？

这个时候的苏茉儿，她的重要作用主要表现在教育康熙皇帝的儿子上面。

我们知道，康熙皇帝一生生育了 55 个孩子。在这 55 个孩子中，有 35 个儿子、20 个女儿。

我们也知道，康熙皇帝对自己子女的教育是非常重视的。但是，不可否认的是，康熙皇帝对自己子女的教育也是很不成功的。关于这些，我将在后面的内容中作介绍。

在康熙皇帝对自己子女的教育接近绝望的情况下，康熙皇帝想到了杰出的教育家、自己最为信任的人——苏茉儿！康熙皇帝想到，自己之所以有了今天的成功，不正是因为有了苏茉儿对自己的成功教育吗？既然当初苏茉儿可以把自己教育成功，那现在苏茉儿为什么不能把自己的子女教育成功呢？虽然现在的苏茉儿年纪是越来越大，但她的教育经验也应该是随着她年龄的增长而增长才对呀！

在这种情况下，康熙皇帝果断地决定把自己的十二阿哥胤祹交给自己的老师、70多岁的苏茉儿。由苏茉儿负责十二阿哥胤祹的一切：从生活起居到养成教育等。

当然，我们说，康熙皇帝果断地决定把自己的十二阿哥胤祹交给苏茉儿进行教育，这里面既有康熙皇帝对苏茉儿的极度信任的因素，也有康熙皇帝对年老的、孤身一人、终身未婚的苏茉儿照顾的因素。

康熙皇帝知道，苏茉儿这个人跟自己的奶奶一块儿生活这么多年，自己的奶奶没了，而苏茉儿本人又终身未婚，苏茉儿继续生活下去一定是非常痛苦的。所以康熙皇帝就主动把自己的十二阿哥胤祹交给了苏茉儿来教育。

十二阿哥胤祹出生于1685年。他的生母是万琉哈氏。万琉哈氏当时的身份是康熙皇帝的定嫔——身份很低，直到雍正皇帝即位以后，她才被尊为皇考定妃。

说起万琉哈氏，她可是一个长寿的人，根据《清史稿》记载，她是整个清朝宫廷中最为长寿的一个人——活到97岁！

这个十二阿哥胤祹，他的表现是怎样的呢？

十二阿哥胤祹可以说是一个活得非常精彩的人！

康熙末年，胤祹任镶黄旗满洲都统，很受重用，也很有权，但他没有结党谋位。

雍正皇帝即位以后，先封胤祹为履郡王；不久又借故将其降为“在固山贝子上行走”，就是从郡王降为比贝勒还低的贝子，且不给实爵，仅享受贝子待遇；不久，又将其降为镇国公；再不久，胤祹再度被封为履郡王。

我们可以看到，在康熙晚年，康熙的诸位皇子分成很多党很多派，而这些人在雍正皇帝即位以后，前前后后没过几年，或被杀，或暴毙，都死了。但是这个十二阿哥胤裪却一直活着，不但在雍正年间一直活着，而且雍正皇帝死了他都没死。

这个十二阿哥胤裪没有参与当时诸位皇子的党争，他只是为皇帝办事，与世无争——他非常清楚地知道自己的人生定位。没有参与党争，使得他长寿，使得他被封为亲王。

乾隆皇帝即位以后，履郡王胤裪被晋封为履亲王。这个十二阿哥胤裪居然一直活到了乾隆二十八年（1763 年），享年 77 岁。

这个十二阿哥胤裪，他是康熙所有皇子当中最长寿的一个。

这个十二阿哥胤裪懂得生命的真谛，这是苏茉儿教给他的。

（四）苏茉儿是清朝官服的设计者

说了这么多，其实，苏茉儿还有一件更为重要的事情，我们到现在还没有提起。而且，她所做的这件事情，一直到今天，还发挥着非常重要的作用，有着非常重要的影响。

是什么呢？就是清朝所有的官服。

有的读者就会问了，这清朝的官服跟苏茉儿有什么关系？

清朝所有官员的第一套官服都是苏茉儿参与设计的。

从很早的时候起，苏茉儿就是做衣服的行家里手，她做过的衣服既合身又美丽。早在皇太极称帝之前，为了准备皇太极的称帝大典，朝廷要做一整套上自皇帝、下至大臣的所有人的服装。而所有的这些服装，都是苏茉儿参与设计的。

此外，苏茉儿还设计了最早的旗袍。历经几百年的变化，旗袍已经今非昔比了，但是旗袍本身能够流传到今天，也是苏茉儿的一大功劳。

我们这样说起来，苏茉儿这个人确实非常全面，我觉得她堪称是几大家，我们前面说她是个教育家，她又是服装设计师，马术方面又是个骑术家，还是书法家，语言学家，这样说来她真的是一位非常非常杰出的女人。

一个不寻常的女人

1705 年，康熙四十四年的八月末，92 岁的苏茉儿突患重病——她的生命终于要走到人生的尽头。

此时，康熙皇帝正在塞外秋巡。在京的诸位皇子都知道苏茉儿对于康熙皇帝的重要性，他们连忙向康熙皇帝奏报。

苏茉儿的病，惊动了清廷最高统治者。皇帝、皇子无不想方设法竭力抢救，不要说宫中的服役者，就是一般的妃嫔，也难有这样的特殊待遇。

康熙皇帝听说苏茉儿病重以后仍然拒绝吃药，很是着急，怎么办呢？

这个时候的康熙皇帝指示诸位皇子，一定要用一切可能的方法，挽救苏茉儿的生命。

康熙皇帝首先嘱咐皇子们，要让苏茉儿仍旧留在原住处疗养，不要按照以往惯例移往养病所。因为依例，宫内服役人员及下层妃嫔等，凡患重病，一律移往养病所，以保证宫中不受病邪传染。但这一切的努力并没有挽回苏茉儿的生命。

深知苏茉儿一生从不服药的康熙皇帝指示诸位皇子，将一种名字叫作西伯噶古纳的药材混入鸡汤中给苏茉儿服用。而且康熙皇帝还指示诸位皇子对苏茉儿说，这个西伯噶古纳是康熙皇帝送来的一种草根。

这一年的九月初七，苏茉儿以年逾九旬的高龄，走完了她那不平凡的一生，此时她的主子孝庄已死去 18 年。

最后，苏茉儿的遗体被埋葬在清东陵离孝庄太皇太后的陵墓只有 1.5

公里远的地方。

最后，我们要说上一句，苏茉儿，这个女人有点儿不寻常。

说到苏茉儿的死，就要说到胤禴的反应。

在苏茉儿病重时，胤禴焦急万分。胤禴衣不解带，日夜守候在苏茉儿的病榻前，陪伴她走完了人生中最后的时刻。

苏茉儿死后，胤禴非常难过，甚至逾规向康熙皇帝请求为苏茉儿守灵。玄烨感念苏茉儿对自己的教导，同时也被胤禴的真诚所感动，特予批准。

时间在飞快地流逝着，但是这丝毫未曾冲淡胤禴对苏茉儿的怀念之情。直到雍正年间，苏茉儿死去二十多年以后，《满洲实录》中还可以见到胤禴拜祭苏茉儿的记载，这又从侧面反映出苏茉儿的为人。

苏茉儿虽然未曾做过真正的母亲，可是却把一腔慈母的心肠，无私奉献给了胤禴，他们彼此之间不是母子，胜似母子。

第二章 智擒鳌拜

战神诞生

这一章我们要说的这个人物，稍微了解一点儿历史的，几乎都知道他，是谁呢？鳌拜。

康熙智擒鳌拜的故事一直是各种清代题材历史剧津津乐道的话题，鳌拜这个名字也几乎是家喻户晓。

在历史上，鳌拜不仅确有其人，而且是清朝初年政坛上的一个重要人物。

历史上的鳌拜，其真实面目究竟如何呢？

回味这样一个在清初历事三朝、忠心事主、却如此结局悲惨的人的人生经历，对于我们每一个人，都是有很大启示的。

老子英雄儿好汉

说起鳌拜，就让我们想到了一个词：鳌少保。少保，我们知道，这是一个官职称谓。北周以后的历代都有设置，它与少师、少傅合称三少。一般为大官加衔，并无实职。又指太子少保，为辅导太子之官。但是，这个“鳌”字就让人不明白了。是不是说，鳌拜这个人，就应该姓鳌名拜呢？我们来看鳌拜的姓氏。

（一）鳌拜的姓氏来源谜案

鳌拜，瓜尔佳氏，属于瓜尔佳氏中的苏完部族。

一看这个姓氏，我们就知道，这个“瓜尔佳”肯定是满语。可是这个词是什么意思呢？“瓜尔佳”的原意有以下几种说法：

有的人说，这个“瓜尔佳”的原意是汉语的“馆”“阁”的意思，也可以翻译为“住所”。

也有的人说，这个“瓜尔佳”的原意是汉语的“捣乱”的意思。

还有的人说，这个“瓜尔佳”的原意是汉语的“懦弱”的意思。

更有的人说，这个“瓜尔佳”的原意是汉语的“围绕菜园的水沟”的意思。

尽管“瓜尔佳”的原意我们暂且还搞不明白，但是不管怎么说，有一点我们是确定无疑的——“瓜尔佳氏”是清初辽东地区人口众多、历史地位十分显赫的一个氏族。我们今天现有的很多满族的关姓的祖先，就来源于瓜尔佳氏。

根据《皇朝通志·氏族略·满洲八旗姓》记载，瓜尔佳氏是女真最古老的姓氏，应该来源于金代旧姓夹谷、加古、古里甲。

瓜尔佳氏的先祖最早居住在黑龙江依兰县境内。元末明初的时候，瓜尔佳氏居住在吉林省珲春河流域，被明朝政府称为瓦尔喀女真人。瓦尔喀与瓜尔佳同音，瓦尔喀名称是因原称瓜尔佳而得名。

在《八旗满洲氏族通谱》中记载：瓜尔佳氏中地位最显赫、最有影响的宗族是苏完部。苏完部分布在今天的吉林省双阳县境内。“双阳”一名源于双阳河。昔年，双阳河称苏万河、出万河、刷烟河。此称谓皆为满语，意为河水浊黄，由此派生地名则称为酸，即“苏完”“出万”“刷烟”的转音，当时在此居住的女真族亦称苏完部或酸部。

（二）鳌拜的先祖

在元末明初时苏完部有兄弟三人，兄佛尔和居住在苏完这个地方，二弟尼雅哈齐迁席北，以后成为席北、卦尔察部落的祖先，末弟珠察由苏完经瓦尔喀再迁到喜乐温卫所在地。此支瓜尔佳氏在元末明初居住在珲春河、图们江以北。珠察的第七代索尔果又西迁到费阿拉（今辽宁省新宾满族自治县境内）。

根据《清太祖实录》记载，1588 年（明神宗万历十六年）载：

> 有苏完部长索尔果率本部军民来归……又栋鄂部长克辙孙何和里亦率本部军民来归……又雅尔古部长扈拉胡杀兄弟族众率军民来归……太祖遂招徕环满洲而居者。

这个建州女真苏完部的首领索尔果是谁呢？他呀，就是鳌拜的爷爷。索尔果在清太祖努尔哈赤起兵的第六年，也就是 1588 年率全部五百余户部众归顺了努尔哈赤。

（三）鳌拜的伯父费英东

索尔果的儿子费英东出生于 1563 年，从小习武，骁勇而精于骑射，12 岁就能拉开十余石的强弓。

1588 年春，索尔果带领苏完部五百余户归顺努尔哈赤，努尔哈赤见年少的费英东英气逼人，十分喜爱；八旗建制以后，费英东隶属满洲镶黄旗。

费英东的初次征战是讨伐瓦尔喀部，这一战中他身先士卒，取噶佳路（路为明代女真各部的一个单位），杀死瓦尔喀噶佳路长阿球。

1598年春，费英东同努尔哈赤的长子褚英率军一千再征瓦尔喀，攻克安楚拉库路，围困瓦尔喀部村屯二十余个。不久，瓦尔喀部首领额果里率领部众投降。

1607年春，海西女真中强大的乌拉部侵扰斐优城，城主兑沁抵挡不住，向努尔哈赤求援，请求将其领地内的军民迁入建州领地，努尔哈赤命其弟贝勒舒尔哈齐与费英东、扈尔汉带兵保护。扈尔汉率领斐优城三百户先行，遭遇乌拉部的追击，正在相持不下的时候，费英东率领建州兵赶到，杀退了乌拉部。

1607年夏，努尔哈赤讨伐东海女真的渥集部，费英东率本部人马连续攻占了渥集部的多个地方，并俘虏两千多人，立下头等战功。

1611年夏，费英东又与阿巴泰等人攻占渥集部的多个地方，并迫使渥集部投降，建州女真的力量更加壮大。

两年后的1613年春，努尔哈赤集中力量讨伐强敌——东海女真的乌拉部，建州诸贝勒大臣拼死力战，费英东首先攻占了乌拉部的城门，建州大军趁势入城，乌拉部投降。随着乌拉部的投降，努尔哈赤基本上统一了女真各部。

1616年，努尔哈赤在赫图阿拉建立了后金政权，任命费英东、额亦都、扈尔汉、何和礼、安费扬古为五大臣，并将自己的孙女（努尔哈赤长子褚英之女）下嫁费英东为妻。

在1619年的萨尔浒之战中，费英东率镶黄旗本部兵马击溃开源总兵马林的军队。努尔哈赤征讨明朝抚顺城时，费英东被火炮击中，部下劝他撤军，费英东却上马大呼："我建州无败退之将，只有战死之将！"部下群情振奋，一举攻克抚顺城。

后来，在攻打叶赫城的时候，城上箭矢如雨，努尔哈赤命令撤退，前线的费英东回报说："我们的人已经攻到城下了！"努尔哈赤又命再退，费英东又说："我们的人已经爬上城墙了！"还没等努尔哈赤下达第三次撤退的命令，费英东已经占领了叶赫城。努尔哈赤感叹地说："费英东真乃万人敌也！"

1620年春，费英东结束了他戎马征战的一生，享年57岁。努尔哈赤大哭，亲自为他守灵。后来，皇太极追封费英东为直义公，配享太庙；顺治皇帝又追封他世爵位三等公；康熙皇帝亲自为他撰写碑文，立碑纪勋；雍正皇帝追加封号信勇公；乾隆皇帝晋费英东世爵一等公，子孙世袭罔替。

费英东自少年时就追随努尔哈赤，三十余年的征战中，他总是身先士卒，冲在最前面。费英东性情忠直，遇事果断，对部下很关爱，对俘虏也很仁慈。皇太极曾对大臣们说："费英东见人不善，必先自斥责而后劾之；见人之善，必先自奖劝而后举之。故被劾者无怨言，被举者无骄色。朕未闻诸臣以善恶直奏斯断人也！"

（四）费英东的儿子图赖

1601年出生的图赖是费英东的第七个儿子。满洲正黄旗（图赖初属镶黄旗，后来与他哥哥纳盖、弟弟苏完颜改属正黄旗），清初著名战将。

1627年，图赖开始参与后金与明朝争夺东北的战役。1630年，图赖晋升为世职游击。1631年，图赖随皇太极包围大凌河城，图赖奉命与南褚、哈萨克哈埋伏于两旗防地间，保卫出外砍柴的人，等明军出来袭击砍柴人时趁机攻入城。当明军刚出城时，图赖求战心切，就领兵出击，其他伏兵也只能出击，多尔衮也督兵猛攻。但兵多地窄，只能下马步战，而城中守军放炮石阻挡清兵。结果清军大败，多名副将战死，图赖也受伤败退。皇太极为此大怒，不准众臣去探视图赖。扬古利、巩阿岱前去慰问图赖，遭皇太极严厉斥责。之后明军张春率兵四万救援，图赖率右翼军冲入敌阵，大败明军，张春被俘，也算是立功赎罪吧。

1633 年，图赖随军攻打明朝，“徇大同，攻朔州，拔灵邱”，因功晋封世职二等。

1634 年，图赖随同多铎攻打明朝。到达广宁后，图赖与阿山率四百人为先锋，向锦州进军，明将刘应选带领三千人予以狙击。图赖身先士卒冲入敌阵，击毙刘应选，破其军。之后因军功很受宠爱，1637 年被授为议政大臣。

1638 年，图赖随同岳托进攻明朝，大败明军，因功晋升三等梅勒章京。

“章京”一词来自满语 jang gin，而 jang gin 又是从汉语中借用的“将军”。三等梅勒章京，就是副将的意思，相当于后来的副都统。到了后来，清朝政府的四品文书官员被称为“章京”，类似于我们今天所说的秘书。再到后来，军机处和总理各国事务衙门办理文书事务的官员也称章京，是堂官的重要助手。军机处章京被称为小军机。军机章京一般为五六品，领班章京为从三品或正四品。总理各国事务衙门章京分为四级，最初满汉各八人，以后人数逐渐增加。而在平时，在满族官员中，“章京”又是下级对上级自称的称谓。

1641 年，图赖随济尔哈朗围困锦州，当时清军内应吴巴什等被祖大寿发现，图赖带兵攻入外城将吴巴什等救出。之后又大破杏山、松山援军，攻克塔山、杏山两城。图赖因此晋升一等梅勒章京。一等梅勒章京，相当于我们后来所说的都统或将军。

1643 年，图赖又攻克中后所（吴三桂的家乡）、前屯卫，晋升三等昂邦章京。三等昂邦章京，也相当于我们后来所说的都统或将军，但是地位要比上面说的一等梅勒章京高些。

1644年，图赖随多尔衮入关，大败李自成军唐通部于一片石，一路追至望都。晋升三等公。之后又随同大军多次大败李自成军，李自成败逃后又进攻南明王朝，攻破扬州、南京，逼迫福王投降。

1646年春，清廷命贝勒博洛为征南大将军，图赖为副。攻打浙江、福建。同年夏，图赖论功晋升一等公。班师时，图赖于金华境内病死军中，终年45岁。

图赖不徇私情，直言敢谏，具有很高的威望，尤其是与多尔衮力争谭泰的罪行。

1651年，顺治皇帝追念图赖旧功，命配享太庙，谥号“昭勋”，立碑纪其功绩。

（五）鳌拜的父亲伟齐

鳌拜的父亲伟齐，系费英东的九弟。鳌拜是伟齐的第三个儿子。

知道了鳌拜的姓名和家庭成员，我们就该讨论他的出生时间了。

出生时间要推算

鳌拜，出生于一个武将世家，生年不详，但是应该在1610年左右。我的证据有以下两点：

（一）索尼的年纪

索尼与鳌拜同为康熙初年的辅政大臣。索尼出生于1600年，而历史上记载说，“索尼老病，鳌拜多专政”。我们注意这个“老”字，索尼因为年纪大了，身体不好，经常有病，这给了鳌拜专权的机会！我据此推断，鳌拜应该比索尼小很多，至少应该相差 10 岁。

（二）鳌拜的崛起时间

我查阅了《清太祖实录》，没有找到鳌拜的任何记载。也就是说，在努尔哈赤统治时期，鳌拜尚未崭露头角。而鳌拜这个名字在官修史书中首次出现，是在官修的《清太宗实录》中的皇太极天聪六年——1632 年。在这一年的《清太宗实录》中，记载着鳌拜等人“自明界捉生还。获蒙古人五、汉人三十、牲畜三十二。上命即以所获赏之”的内容。

此外，我还查阅了一下清朝初年其他日后成名的人士首次被记录在案的年龄，大都在 20 岁左右。因此，我据此推断，鳌拜的出生时间应该在 1610 年左右。这个年龄的人，直到 1632 年才立下一点点功劳，在清朝初年的大臣中间，已经属于比较晚的了。从某种程度上说，也算得上是大器晚成了。

1634 年，鳌拜成为皇太极所领镶黄旗的巴牙喇甲喇章京。

1636 年，皇太极命令八旗军队第二次出征朝鲜。正是这次战役，促使鳌拜完成了从一个出身名门的小角色到“巴图鲁”——战神的转变过程。

说起这八旗军队第二次出征朝鲜，我们还要从八旗军队第一次出征朝鲜谈起。

钢铁是这样炼成的

（一）大明与朝鲜的关系——万历朝鲜之役

朝鲜原来一直是明朝的属国，自 14 世纪末建立李氏王朝以来，与明朝的关系密切，被纳入明朝全辽战略的体系之中。因此朝鲜对于控制东北地区的女真族势力，起着相当重要的作用。

1592年，日本的丰臣秀吉率兵侵犯朝鲜，明朝出兵协助朝鲜。

这场战争，在中国的史书中被称为万历朝鲜之役；在朝鲜和韩国的史书中被称为“壬辰卫国战争”；而在日本的史书中，则把这场战役分为两次战争，分别叫作“文禄之役”和“庆长之役”。

整个战争从1592年开始至1598年结束，历时7年。这场战争，明朝前后用兵数十万，费银近800万两，历经战与和的反复，前后用了7年的时间，最终异常艰苦地赢得了这场战争的胜利，打败了日本侵略者，日本军队被全部赶出了朝鲜。

这场战争，使朝鲜与明朝的关系进一步密切。努尔哈赤势力兴起后，明朝在随后的萨尔浒等战役中，就曾征发朝鲜军队助战。

在努尔哈赤的后金势力进入辽河以东地区并向西辽河地区扩展时，朝鲜的存在就成为他们的后顾之忧。因此，控制朝鲜或征服朝鲜，就成为后金对明作战总战略的一个组成部分。皇太极在战略上是先征服蒙古，再征服朝鲜，最后用全力进攻明朝。

（二）后金第一次出征朝鲜：从大举进攻到“平壤之盟”

1627年春，皇太极为了缓解进攻明朝时的后顾之忧，准备用武力来迫使朝鲜就范。他派大贝勒阿敏和济尔哈朗、阿济格、杜度、岳托、硕托等率大军进攻朝鲜。朝鲜方面防御很差，后金进兵甚速，不足半月时间，就攻陷了平壤。朝鲜国王李倧抵抗不利，率王妃、子女逃避江华岛，派遣使者向金军求和。

两个月后，阿敏派代表到江华岛，与李倧举行盟誓，并违反纪律，命令八旗将士分路掠夺三日，获大批财物人畜后退出朝鲜。

皇太极此次用兵朝鲜的军事目的，是想给朝鲜势力以打击，迫使朝鲜不敢轻易出兵骚扰金兵的后方；其政治目的主要企图以武力迫使朝鲜切断与明朝的关系，使其在金明交战中能倾向后金，或保持中立；在经济上想因粮于朝鲜，以解后金大饥馑造成的燃眉之急。而朝鲜方面，则幻想在金兵入侵时，能得到明朝的援助，虽然战败，仍不愿就此屈服。同时，后金在当时主要的进攻目标是明朝，想用全力争夺辽东地区，实际上不可能倾全力于朝鲜，和议既成，就急速回师。

所以此次进军朝鲜，并未达到皇太极预期的目的，“平壤之盟”的性质是一种“兄弟之盟”。朝鲜对于议和条件，事后没有完全履行，对金国采取一种敷衍的态度，仍然与明朝保持君臣关系，以物资和船只等支持明朝对金的军事行动，而且更积极备战，对金国要求遣还逃人一事，也尽量推托不办。

对于金国要求朝鲜与明朝断绝关系一事，朝鲜国王李倧公然向皇太极表示：“贵国既欲议和息兵，甚为美意，故孤亦喜而许之。但念敝邦之于明朝，君臣分义甚重，若贵国要我负明，则宁以国毙，断不敢从！”

（三）后金第二次出征朝鲜的开始

1635 年，后金取得了征服漠南蒙古的胜利之后，皇太极从内部也巩固了自己的统治地位。但后金与朝鲜的“兄弟之盟”却趋于决裂。朝鲜国王李倧拒绝派遣质子，不接待使臣，不派人为皇太极称帝“劝进”。这进一步激化了后金与朝鲜的矛盾。朝鲜积极备战，并请求明朝援助。

1636 年 12 月，皇太极改元称帝后，亲率大军渡江，攻陷义州，势如破竹。另一路军进入平壤，直抵王京城下，朝鲜国王李倧逃至南汉山城，固守待援，被清兵包围。朝鲜援兵几次来解围都被击溃，汉城陷落。

1637 年 1 月，皇太极对李倧发出通牒，责令投降。李倧在内外援绝的情况下出降。此次李倧投降，清朝给予的条款与十年前的“平壤之盟”条款，性质已完全不同。“平壤之盟”虽然也是战败国与战胜国所定的屈辱条约，但毕竟是一种所谓“兄弟之盟”，稍存一些对等的意义。此次所议条款，完全把朝鲜降为清朝属国的地位，是一种所谓“君臣之盟”。所定条款，是由清朝一方提出的，要求朝鲜一方承认，作为“永定规则”。

朝鲜国王李倧上书皇太极，表示接受条款，并公开表示：“自（崇德二年）正月三十以前则为明朝之臣子，正月三十以后则为大清之臣子。”但是对于投降条款中的清兵征明时要求朝鲜出兵之事，李倧仍然感到非常为难。不管怎么说，朝鲜自此以后，还是由明朝的属国变成了清朝的属国。

根据《清太宗实录》记载，在攻下朝鲜京城之后，皇太极派硕托、孔有德、耿仲明、尚可喜等率军攻打皮岛。

（四）血战皮岛——鳌拜的崛起

皮岛（今朝鲜椵岛）在鸭绿江口外，距朝鲜本土及中国大陆都很近，是一个战略要地。天启年间，辽东失陷于后金之手，明将毛文龙率军退守皮岛，与关外宁锦一线的明军遥相呼应、互为犄角，骚扰和牵制后金的兵力，使后金腹背受敌。后金一直将皮岛视为心腹大患，从努尔哈赤到皇太极，都日夜筹划，企图拔掉这颗钉子。

这一次，由于硕托久攻不下，皇太极又命武英郡王阿济格接手，鳌拜从征军中。阿济格与众将反复商议后，制订了兵分两路、声东击西的进攻方案：一路从海上以巨舰摆出正面进攻的态势，故意吸引守岛明军的注意力；另一路则以轻舟精锐，快速推进，直插该岛西北角之要害阵地。后一路是这次进攻的关键所在，鳌拜主动请缨，并与准塔一同向阿济格立下军令状：“我等若不得此岛，必不来见王。誓必克岛而回。”

根据《清史列传·卷六·鳌拜传》记载，鳌拜与准塔遂率部渡海发动进攻，不料明军早已严阵以待，一时炮矢齐发，清军进攻受挫，形势紧急。鳌拜见状，奋起大呼，第一个冲向明军阵地，冒着炮火与敌人展开近身肉搏，然后举火为号，引来了后续部队。清军遂一举跟进，登上皮岛，举火引导主力来攻。皮岛终于被攻克。

捷报传到盛京，皇太极大喜过望，亲自撰文祭告努尔哈赤，以慰其父在天之灵。皇太极认为皮岛虽是区区一岛，但攻克之意义远在占领重城要地之上，所以下令对诸将士从优奖励。

（五）“巴图鲁”——战神的诞生

皇太极对鳌拜的表现十分满意，提升他为三等梅勒章京，赐号“巴图鲁”，加世袭六次，准再袭十二次。此后，根据《清太宗实录》记载，尽管皇太极发现了鳌拜有独断专横、蛮不讲理的缺点，但还是对其信任有加。

鳌拜对皇太极则更是忠心耿耿，对于自己护军首领的职责也是勤勉有加。1637 年，皇太极的侄子、代善的儿子岳托为了拍皇太极的马屁，将自己刚得到的几匹好马，立刻派人连夜送往皇太极的驻地，结果被鳌拜以“此暮夜就寝时，非献马时”“上已安寝，欲令惊动，秉烛观马耶？”为理由加以挡驾。皇太极听说此事之后，颇为高兴，将献马一事作为“违法妄行”，“命法司分别议罪”。

1641 年年初，皇太极命令八旗军队攻打锦州。在这次攻打锦州的战役中，鳌拜先后率护军击败明朝杏山、松山援军，并徒步攻克明军的步军营，因而从三等梅勒章京升为一等梅勒章京，准再袭十次。1641 年秋，松山明军突围，被鳌拜率部击退。接着，鳌拜又追击吴三桂、唐通、白广恩等明军各部，获得大胜。

皇太极取得松锦大捷后，又派阿巴泰率兵入关，经河北直趋山东，杀掉明鲁王，掳获大批人口牲畜。鳌拜也随军作战，他曾在北京和山东三败明军，攻克四城，在密云附近大败范志完和吴三桂的军队。他以此次战功，再次被提升为三等昂邦章京。

1642 年夏，鳌拜又升为护军统领，成为八旗将领中具有较高地位的人物。

护即督统之意，秦汉时临时设置护军都尉，后来更名为司寇，再后来更名为护军，其目的是用来调节各将领的关系。魏晋以后，称为护军将军或中护军，掌军职的选用，与领军将军或中领军同掌中央军队，为重要军事长官之一。唐后期设护军中尉及中护军，为禁军统帅。清代以守卫宫城的八旗兵为护军，设护军统领以下各级官员。每旗设护军统领一人。

从前面的讲述来看，鳌拜本来是一个出身名门的小角色，他通过在历次战役中的杰出表现，得到了皇太极的信任，从而迅速升为护军统领，成为八旗将领中的一个具有较高地位的人物。

鳌拜通过在历次战役中的杰出表现，而迅速升为护军统领，成为八旗将领中的一个具有较高地位的人物。

纪连海语录

皇太极称帝的1636年，皇太极命令八旗军队第二次出征朝鲜。正是这次战役，促使鳌拜完成了从一个出身名门的小角色到『巴图鲁』——战神的转变过程。

走上权力顶峰

前面我们介绍了鳌拜这个人通过在历次战役中的杰出表现，得到了皇太极的信任，从而迅速由一个出身名门的小角色升为护军统领，成为八旗将领中一个具有较高地位的人物。但是我们知道，这只是鳌拜崛起的第一步。

鳌拜崛起的第二步，是从一个战争之神到杰出的政治家的转变。而完成这次转变，则要从鳌拜在顺治即位前后的杰出表现谈起。

押注成功

（一）皇太极猝死之后四个最有希望的皇位继承人选

就在鳌拜升为护军统领、成为八旗将领中具有较高地位的人物这个最关键的时刻，1643 年 9 月 21 日夜，51 岁的皇太极带着“储嗣未定”的遗憾猝死。由谁来继承皇位便成为满洲贵族面临的头等大事。

但是，皇太极没有想到自己会在50岁刚出头儿，正当年富力强的时候死掉，因此，他死前也没留下任何遗言——没交代由谁即位！由于事出突然，所有的人也都没有一点儿准备。

经过一段时间的忙乱和哀悼，一场激烈的皇位争夺战在皇宫崇政殿即将打响。

到底谁能够成为皇太极死后最有希望的皇位继承人呢？从当时的形势来看，最有希望的皇位继承人选主要有四个人：35岁的肃亲王豪格、5岁的福临、2岁的博穆博果尔和32岁的睿亲王多尔衮。

这其中的前三个人，都是皇太极的儿子：35岁的肃亲王豪格年龄最大；5岁的福临的母亲庄妃最受宠；2岁的博穆博果尔的母亲懿靖大贵妃的地位最高；而32岁的睿亲王多尔衮，则是皇太极的弟弟，功劳最大。

当时的人们普遍认为，在上述四人中，最有希望夺得帝位的是两黄旗系统的、皇太极的长子肃亲王豪格和两白旗系统的、皇太极的弟弟睿亲王多尔衮。

因此，争夺皇位的双方：一方是皇太极的弟弟多尔衮；另一方是皇太极的长子豪格。较量的双方谁也没有把后来的获胜者福临当回事儿。

（二）鳌拜在激烈争夺战中的表现

在这场斗争中，鳌拜身为镶黄旗贵族、皇帝的护军首领，是坚决支持皇太极的儿子继承皇位的。

鳌拜忠于皇太极，自然希望由他的儿子即位，而两黄旗仍是“天子自将之旗”，地位较高，利益较大。这也是鳌拜等竭力支持豪格即位的原因之一。

所以在这个关键时刻，根据《清世祖实录》记载，鳌拜主动与索尼、图赖、图尔格、拜音图、何洛会、谭泰、冷僧机等支持豪格的大臣“共相盟誓，愿死生一处”，并相约齐往豪格家，策划立豪格为皇帝。

根据《清史稿》记载，皇太极死后第五日，也就是1643年9月26日，诸王大臣在崇政殿召开会议，讨论皇位继承问题。

这个时候以鳌拜、索尼为首的两黄旗大臣迫不及待地在大清门盟誓，拥护豪格继承皇位，并部署两黄旗巴牙喇（即护军营，为禁军中护卫皇帝的部队）张弓挟矢，环卫崇政殿。图尔格、遏必隆又传令其牛录下的护军，备好甲胄弓矢，护卫大清门。

议商皇位继承人的贵族会议在崇政殿的东庑殿举行，由年纪最长（61岁）、地位最高的礼亲王代善主持。

鳌拜和索尼首先倡言“立皇子”，多尔衮以其资历不够，大声呵斥他们说：“这里是亲王、郡王们说话的地方，你们算什么东西，还不赶快退下！”结果，没有办法，鳌拜和索尼只好退出，但两黄旗巴牙喇包围了宫殿。两黄旗暂时占了上风。

此时的两白旗并不示弱，豫郡王多铎、武英郡王阿济格兄弟二人先后发言，力劝多尔衮即帝位。多尔衮见形势紧张，正在犹豫。

多铎声言：“你如果不答应，应当立我。我的名字在太祖遗诏里！”多尔衮不同意立多铎，说：“肃亲王（豪格）的名字也在遗诏里，不独王（多铎）也！”多铎又说：“不立我，论长当立礼亲王（代善）！”

礼亲王代善表示自己老了，提出豪格为“帝之长子，当承大统”。

豪格觉得有两黄、正蓝和两红旗的支持，大局可定。于是，他假意表示谦辞，想学学历史上的尧舜禹禅让的故事，便比较客气地说：“豪格福少德薄，非所堪当，还是让别人来当皇帝吧！”他本来是假意谦让，想让众人“坚请不已”，然后顺势登上皇帝宝座，这样不是显得既谦恭又众望所归吗？

但是，两白旗并不相让，他们顺势说道：“肃亲王活这么大了，这一生总算是说了一句实话！肃亲王的确是福少德薄，非所堪当啊！”

肃亲王豪格没有想到自己的一句客气话，却让对方抓住了把柄。他非常生气，随即暂退。

根据朝鲜的史书《沈馆录·卷六·沈阳状启》记载，在这个非常激烈的气氛下，以鳌拜和索尼为首的两黄旗大臣佩剑向前说：“我们这些人吃先帝的，穿先帝的，先帝对我们的恩情有天大。要是不立先帝的儿子，我们宁可以死追随先帝于地下！”

这时，礼亲王代善见形势不对，以年老不预朝政而离席，武英郡王阿济格随后以不立多尔衮而退出，豫郡王多铎沉默不发一言。

在这个紧要关头，郑亲王济尔哈朗提出折中方案：让既是皇子又不是豪格的福临即位。睿亲王多尔衮权衡利弊之后，表示支持郑亲王济尔哈朗的意见。于是，5岁的福临意外地坐上了大清国皇帝的宝座。睿亲王多尔衮和郑亲王济尔哈朗成为摄政王。

鳌拜作为拥立皇子的坚决捍卫者，虽然他不是福临的坚决支持者，但他的所作所为，对于爱新觉罗·福临能够成为清朝的皇帝，还是起到了十分关键的作用的。

好事多磨

（一）靠镇压农民起义军而不断升迁

1644年，多尔衮率领清军入关。1645年，清朝为夺取全国政权叙功，鳌拜一跃而成为一等昂邦章京。

此后的鳌拜，首先迅速加入了阿济格进攻李自成的军队，直下湖广一带。1646年春，鳌拜再度出山，随肃亲王豪格等率军进攻张献忠大西农民军。在汉中打败了李自成的余部贺珍以后，得知张献忠率军已到西充一带，鳌拜再次充当先锋，率先头部队前往狙击，结果两军相遇，“鳌拜等奋击，大破之，斩献忠于阵”。打败大西军主力之后，鳌拜等又继续深入四川、贵州等地，屠杀农民政权的大小官员一千多人，基本上消灭了四川一带的农民军。

这个时候的鳌拜战功赫赫，应该能够不断地升迁了吧？可是您想错了！

（二）成为多尔衮全力打击的对象

我们也知道，镇压农民起义军取得的胜利并不能阻止大清王朝内部矛盾的激化。福临即位为皇帝、多尔衮为摄政王，并不能彻底消除八旗内部两黄旗和两白旗这两大对立势力的矛盾。对于他们而言，斗争才刚刚开始。而鳌拜作为拥立豪格为皇帝的坚决捍卫者，一定会成为多尔衮全力打击的对象。

这个时候，摄政王多尔衮在先成功地分化了支持豪格为皇帝的重臣集团（共八人，拜音图、何洛会、谭泰和冷僧机四人先后归顺了多尔衮；鳌拜、索尼、图赖和图尔格四人仍然拒绝归顺多尔衮），在彻底解决了豪格的生命之后开始对鳌拜等人下手——鳌拜等人逐渐成为多尔衮全力打击的对象！

入关以后的鳌拜，虽然战功赫赫，但却经常因为一些鸡毛蒜皮的小事被多尔衮暗算。这期间，主要的打击，鳌拜经历过三次：

第一次发生在1645年。早在1644年，鳌拜随阿济格征讨退守陕西的李自成大顺军，立有大功。1645年秋，阿济格因为没有及时奉旨班师，而且谎报战功，受到处罚。阿济格是顺治皇帝的叔父、多尔衮的亲哥哥，为人粗暴，藐视小皇帝，私下呼为“孺子”。多尔衮谕令谭泰和鳌拜召集部众，将阿济格“称上为孺子”之语传示晓谕。谭泰顾及阿济格的情面，没有照办。鳌拜也因听从了谭泰之言未奉行谕旨，结果不仅征讨李自成的军功不准议叙，还被罚银一百两。后来谭泰又与索尼相仇，互相攻击，鳌拜因庇护索尼再次获罪，几被革职。

第二次发生在1648年。当年春，征讨张献忠大西军的豪格大军凯旋回京。豪格属下的参领希尔良因冒功邀赏一事遭到处罚，鳌拜也以勘察不实而被议处“应革职，罚银一百两”。一个月后，贝子屯齐告发郑亲王济尔哈朗当年拥立肃亲王豪格、后又包庇豪格的种种罪状。鳌拜诸人谋立肃亲王之事也被同时告发。多尔衮借此事兴起大狱，严讯诸人。最后，鳌拜以欲立豪格、与诸人盟誓等罪名论死，得旨“罚锾（huán）自赎”。又过了一个月，侍卫廓步梭又告发鳌拜在皇太极死时“擅发兵丁守门”，再次论死，改革职为民，得旨免革职。

您想想，这都什么和什么呀！在战场上经历了九死一生的鳌拜，为入关以后的大清王朝的巩固立下了汗马功劳的鳌拜，虽然他屡次以大功凯旋，却在短短数月间被论死两次，可见其所受打击之严酷、境遇之窘迫！这也太让人不可思议了吧？

好戏还在后面呢！转眼间，时间已经到了1650年夏，这个时候的多尔衮正好生病在家。他对前来探病的锡翰等人抱怨顺治皇帝不来看望他，又不准锡翰去奏报顺治皇帝。

这个锡翰我们前面没有介绍过，在这里介绍一下。锡翰是拜音图和巩阿岱兄弟二人的弟弟，他们哥仨同为努尔哈赤的小弟弟巴雅喇的儿子，当年他们哥仨曾经与何洛会、谭泰、冷僧机、鳌拜、索尼、图赖和图尔格等人“共相盟誓”，策划立豪格为皇帝。但是到了福临即位以后，拜音图、巩阿岱和锡翰兄弟三人最早背叛了豪格，归顺了多尔衮，从此以后他们就成为多尔衮的亲信部下。

我们继续前面的内容。就在生病在家休养的多尔衮对前来探病的锡翰抱怨顺治皇帝不来看望他、却又不准锡翰去奏报顺治皇帝的情况下，锡翰等人当然明白多尔衮的内心世界。于是立即请来了顺治皇帝前来探望多尔衮！

这个时候的多尔衮掩饰不住内心的激动，但表面上装得十分生气的样子，一方面表示要杀掉锡翰以谢罪，另一方面则将鳌拜降职处理，其原因居然是说鳌拜“目睹锡翰等罪状，不即执鞫”。这都什么事啊！

这是鳌拜所受的第三次打击。

鳌拜虽然屡次遭到打击，但仍然拒绝向多尔衮屈服，多尔衮没有办法，最后只能将鳌拜从官场上驱逐。这个时候的鳌拜，我们可以说，他对故主皇太极忠心耿耿，一片赤诚，而对新君顺治也始终坚守臣节，称得上是一个难得的忠义之臣。

鳌拜的政治前途会有转机吗？

人生转机

（一）鳌拜的转机

说到鳌拜政治前途的转机，我们还要从多尔衮的去世谈起。

1650 年，多尔衮去世，顺治皇帝亲政。曾遭到压制的两黄旗贵族及以济尔哈朗为代表的蓝旗势力又重掌要职。

这个时候的顺治皇帝，已经将所有多尔衮的亲信或者处死，或者监禁，或者驱逐。因此，这个时候的顺治皇帝手下，极为缺乏得力的大臣。

也就是说，顺治皇帝急需搜罗一批忠于自己的得力干将。

顺治皇帝早就知道鳌拜、索尼等人在十分困难的情况下，一直拒绝向多尔衮屈服，所以在他亲政以后不久就将鳌拜、索尼等人视为心腹重臣，他们的职位也不断地得到提升。

1651 年春，鳌拜成为议政大臣，又以军功升为一等侯；1652 年春，鳌拜再次升为二等公。

与此同时，还是在 1652 年春，顺治皇帝颁布谕旨，命诸王大臣会审曾经归附多尔衮、陷害鳌拜等人的巩阿岱、锡翰、冷僧机、席讷布库等人，将他们全部处死，"家产籍没"。

这一升一黜，说明了顺治皇帝亲政以后清初政局的重大变化，标志着八旗内部、特别是上三旗与下五旗之间实力对比的转折。当然，八旗内部的矛盾与斗争远远还没有结束。

不管怎么说，鳌拜迎来了他一生中最为辉煌的时刻。他会如何表现，来赢得顺治皇帝的赏识呢?

（二）顺治皇帝最为赏识的四大臣之一

鳌拜作为内大臣之一，随侍顺治身边，直接参与管理国家各类事务，如商讨本章批复程序、联络蒙古科尔沁部、协调太后与皇帝之间的关系、祭奠过世王公妃嫔、协助会审案狱，并倡议"大阅以讲武"，自教武进士骑射，等等。

应该说，鳌拜在这一段时间内表现得非常出色。正是由于这个原因，顺治对他也十分关心和信任。

1656 年，鳌拜旧伤复发，卧床不起，顺治皇帝亲临鳌拜府邸去看望慰问。1657 年冬，孝庄皇太后病重，顺治皇帝朝夕伺候，鳌拜也没闲着，昼夜于宫中侍候，都顾不上休息和吃饭，深获顺治皇帝的赞赏。孝庄皇太后病愈之后，顺治皇帝再度将鳌拜加“太傅兼太子太傅”衔。

如果顺治活得更长一点儿的话，这一段君臣相得的佳话恐怕就能够进入历史，深入人心。可惜的是，就在鳌拜已经日益得到皇帝信任、地位不断上升之时，1661年2月5日夜，顺治皇帝病死于养心殿。

临死之前的顺治皇帝为免再次出现亲王摄政危及幼君之祸，决定取消八旗王公议立新君掌管军国要务的传统，委任经己擢用的心腹大臣为辅政大臣。

从此，无论是大清王朝，还是处于末世的中国封建社会都开始了一个新的历史时期，鳌拜个人的历史也进入了一个全新的阶段。

鳌拜，终于迎来了他一生中的巅峰时刻！问题在于，尽管鳌拜在四位辅政大臣中名列最后，但史学家们却往往称此时期为“鳌拜辅政时期”。这是为什么呢？

巅峰时刻

要说到鳌拜辅政，我们必须介绍一下当时的四位辅政大臣。

（一）索尼

索尼，前面我们介绍过，索尼出生于1600年，一生经历了太祖、太宗、世祖三朝，是大清王朝的开国勋臣。

索尼在努尔哈赤统治时期（1616—1626年），一直担任努尔哈赤手下的一等侍卫，战功卓著。

皇太极继承汗位以后的1631年，索尼升任吏部启心郎。这个启心郎是个什么官职呢？我们简单介绍一下。皇太极继承汗位以后，仿照明制设立吏、户、礼、兵、刑、工六部，每部由贝勒一人总理部务，下设满承政二人，蒙、汉承政各一人，参政八人，启心郎一人。这个官职三品的启心郎的职责是：见管部事贝勒所行不善，应启迪其心忠勤国事，因而对管部事的贝勒有所约束。也就是说，启心郎这个官职是约束各部的最高长官的。

皇太极去世之前，索尼又因功被晋升为三等甲喇章京。

皇太极去世以后，他以拥立皇子福临即位，成为维护八旗内部稳定局面的重要人物。根据《清世祖实录》记载，这个时候的索尼足智多谋，“商议大事，无出索尼者”。根据辽宁省《赫舍里氏康族世谱》记载，1650年多尔衮死后，索尼晋升为世袭一等伯，擢内大臣，兼议政大臣、总管内务府。顺治帝曾褒奖他“克尽忠义，以定国乱，诚为荩臣”。

1661年，顺治皇帝爱新觉罗·福临病逝，爱新觉罗·玄烨即位为康熙皇帝。索尼与苏克萨哈、遏必隆、鳌拜同为辅政大臣，又授世袭一等公。

从上面的介绍可以看出，在当时的四位辅臣中，索尼能文能武，是四朝元老，地位很高。虽然索尼居辅政大臣之首，但因为一方面这个时候的他年纪已经很大了，体弱多病；另一方面他又厌恶苏克萨哈卖主求荣的为人——关于苏克萨哈，我们后面就要讲到——因此索尼遇事多支持鳌拜。

（二）苏克萨哈

苏克萨哈是满洲正白旗人，其父苏纳娶努尔哈赤第六女，尊称额驸。苏克萨哈原来是多尔衮的亲信，多尔衮去世后，他看到形势不好，立即揭发检举多尔衮。此后他得到顺治皇帝的信任，逐渐升至议政大臣。但是，一般正直的大臣对于苏克萨哈常常是不屑一顾。虽然多尔衮已经去世，虽然人们对多尔衮可能有这样或那样的不满，但是，当时的人们都知道多尔衮对待苏克萨哈是很好的。因此，当时的人们都对苏克萨哈居然敢于揭发检举多尔衮的行为嗤之以鼻。正因如此，苏克萨哈在四位辅政大臣中，是最被人看不起的一个。也就是说，苏克萨哈在当时是没有什么地位可言的。也正是因为如此，尽管鳌拜与苏克萨哈有姻亲关系，但是在很多行动上，鳌拜必须拉开与苏克萨哈的距离。

（三）遏必隆

遏必隆这个人，你可不要小瞧了他。知道遏必隆姓什么吗？姓钮祜禄——与和珅同一个姓氏。遏必隆是满洲镶黄旗人。遏必隆的父亲是后金（大清的前身）的五大开国元勋之一的弘毅公额亦都，遏必隆的母亲是和硕公主。

说起额亦都，这是一个与鳌拜的伯父费英东齐名的人物。

钮祜禄·额亦都的先祖名叫阿陵阿拜颜，父亲名叫都陵阿巴图鲁。他们世代生活在长白山区。额亦都在年幼的时候，父母被仇家所杀，他躲到邻近的村子里才得以幸免。13 岁的时候，额亦都手刃了仇人，为父母报了仇。之后为了躲避追捕，逃到了嘉木瑚地区投奔他的姑姑。

额亦都的姑姑早年嫁给了嘉木瑚寨长穆通阿，穆通阿的长子哈思护比额亦都大两岁，与额亦都非常投缘，待他如亲兄弟一般，从此额亦都就在姑母家寄居下来。

而与此同时，建州女真却发生了一件大事，李成梁误杀了努尔哈赤的爷爷和父亲，努尔哈赤和弟弟舒尔哈齐兄弟俩逃到了嘉木瑚，借宿在穆通阿家。

额亦都见努尔哈赤志向远大，谈吐不俗，便有意追随他，可是他的姑母与姑父因惧怕明朝和叶赫而反对。额亦都说："大丈夫生在天地间，哪能庸庸碌碌地活一生？我已经下定决心，请姑母不要担心我！"第二天，他带领村中九个人开始追随努尔哈赤，这时的努尔哈赤 22 岁，额亦都 19 岁。八旗建制后，额亦都隶属满洲镶黄旗。

此后，努尔哈赤凭借十三副盔甲起兵，终于成就了一番大业。而额亦都作为最早追随努尔哈赤的人，终于成为努尔哈赤最为亲信的人。不但如此，在1583年到1621年额亦都去世前后的38年时间里，额亦都也的确立下了汗马功劳。其功绩与费英东在伯仲之间，难分高下。

1621年，额亦都去世，享年60岁。后来，额亦都被皇太极追封弘毅公，配享太庙。雍正皇帝时为他立碑修道，以纪念这位为清朝开国立下汗马功劳的勇士。

额亦都有16个儿子，其中最有名的就是我们现在讲到的遏必隆。不过，虽然遏必隆是名将之后，但是在政界上，他可完全没有其父遗风。他本人是在皇太极晚年才初露头角的，能力非常有限，常常追随同是名门之后的鳌拜。

（四）鳌拜辅政时期的开始

正是因为如此，在这种情况下，鳌拜的作用日益增大。从另一个角度说，这四位辅臣都是上三旗的大臣，他们除了旗与旗之间的内部争斗之外，在辅政期间实行的政策基本上是一致的，也就是说，鳌拜的主张基本上也同样代表着其他辅臣的意见。这样，1661年到1669年的四大臣辅政时期的历史，实际也就是鳌拜辅政的历史。

这要是搁到我们每一个人的身上，心里面都会想：呀，我当上辅政大臣了！转眼间，我就一人之下、万万人之上啦！这不是天上掉馅饼吗？天大的好事啊！

问题在于，世界上有这么好的事儿吗？处于巅峰时刻的鳌拜，为什么却与康熙皇帝闹僵了呢？

鳌拜专权

前面我们说到，爱新觉罗·玄烨当上了皇帝，鳌拜当上了辅政大臣。

实际上，顺治皇帝留给他的儿子康熙皇帝的是一个烂摊子。在这个烂摊子里面，有很多急于处理的问题在等待着年幼的康熙皇帝和他的辅政大臣鳌拜拿主意。

这个天下不太平

最主要的问题有以下几个方面：

（一）残存的抵抗力量

当时还存在一些抗清的力量，包括如下几个部分：一是残存于中国云南贵州地区和缅甸地区的南明永历政权和张献忠的大西军余部；二是残存于中国最为著名的长江三峡地区的李自成的大顺军余部——夔东十三家；

三是割据福建的金门和厦门地区、正在准备将在台湾的荷兰殖民者赶走的郑成功。此外，还有诸如以明末清初三大思想家（黄宗羲、顾炎武、王夫之）为代表的部分汉族地主，他们仍然怀念故国，拒绝与清政府合作。

（二）财政的严重困难

由于明末清初长达几十年的战乱——如果我们从1627年陕北王二起义（明末农民战争）开始，到1661年康熙皇帝即位为止，前后长达34年之久；如果我们从1618年努尔哈赤以“七大恨”誓师与明朝决裂开始，到1661年康熙皇帝即位为止，前后则长达43年之久。

长期的战乱造成了社会经济严重凋敝、人民生活困苦不堪、财政状况十分窘迫的情况。这样，如何保证财政收入、恢复发展生产，同时又要继续进行征服和统一战争，就成为当时统治者面临的重大课题。

（三）腐败的官场吏治

由于清军大举入关的时候，大量原来明朝的大臣投降，而在那个时候，当时的摄政王睿亲王多尔衮为了能够迅速地夺取全国江山、迅速地稳定长期战乱的局面，对于这些降官降将基本上采取了全盘接收、官复原职的办法。这个办法，不但迅速导致了原来明朝官场中的弊端没有清除出去，反而传染了关外来的满洲大清官员。这些满汉官员不但不尽心任职，反而贪污受贿、中饱私囊，更有甚者还党争不断。

（四）蔓延的不满情绪

由于睿亲王多尔衮辅政时期，实行的六大错误决策（颁布圈地令，颁布剃发令，颁布投充法，颁布逃人法，颁布“禁关令”，屠城），给广大的汉族百姓带来了极大的苦痛，引起百姓广泛的不满。

我们说，如果上述问题得不到解决，势必造成新建立的清朝统治的不稳定甚至随时有被颠覆的危险。

在这样的局势下，我们就应该知道，历史交给康熙皇帝和辅政大臣鳌拜等人的任务是多么艰巨了！

“三面红旗”

辅政伊始，鳌拜等人便打着遵守“先帝遗命”的旗号，实行了如下正确的措施：

（一）积极整顿吏治

针对迅速腐败下去的吏治，鳌拜等辅政大臣进行了积极的整顿和改革，来提高行政效率和官员的办事能力，清除官场恶习。

根据《清圣祖实录》记载，辅政仅仅半个月之后，鳌拜等辅政大臣就以康熙皇帝的名义诏谕各官：“朕以冲龄践阼，初理万几，所赖尔大小臣工，同心协力，矢效赞襄。”次日，兵部尚书兼都察院左都御史阿思哈就提出对巡按的十项要求，对能够“恪遵上谕，洁己爱民，奖廉去贫，兴利除害……又能大破情面，纠察地方恶宦劣衿者”分别升迁；能“谨慎奉法，察吏安民者仍留原任”；“行事碌碌，无实政及民者”降调外用；而对“徇情贪贿者”要革职治罪。奏上之后，御批：“这所议各款，务须恪遵力行，不得视为虚文，著通行严饬。”

鳌拜还曾经于1665年春命令有关各部门严查督抚在地方的劣政，1666年年初又下令对公然受贿的地方督抚大员“从重治罪”。鳌拜是这么说的，也是这么做的。仅1667年一年，就将贪酷、不谨、罢软、年老、

有疾、才力不及、浮躁的官员，共 563 人革职，还裁撤了各省大小衙门官吏 3849 名。

此外，根据《清圣祖实录》记载，为了提高行政效率，1660 年春，鳌拜还要求所有官员“进奉本章，关系政务，应切实陈奏……事情正理，明白敷陈，不得用泛泛文词”，还在明朝规定所有本章不得超过一千字的基础上再度减少到所有本章不得超过三百字。与此同时，还规定了完结事务的时限。

我们可以看到，上述措施实际上是在严格践行多尔衮在 1647 年确定的官吏的“四格六法”的考绩办法。“四格”是从操守、政绩、才能、年龄四个方面对官员作出评价；“六法”是从“不谨、罢（pí，通“疲”）软无为、浮躁、才力不足、年老、有疾”六个方面处理不称职的官员。

看来，造成睿亲王多尔衮辅政时期出现的满汉官员不尽心任职、贪污受贿、中饱私囊、党争不断的原因，并不是什么无法可依，而是有法不依！

此外，根据《清圣祖实录》记载，1660 年春，鳌拜还一举革除了大清王朝强大的宦官势力——内官十三衙门，为整个大清王朝避免宦官干政肃清了道路。

（二）努力发展经济

鳌拜辅政时期，在经济上采取了一系列措施，努力发展经济。这其中，最为重要的措施有以下两个方面：

一是奖励垦荒。奖励垦荒这项措施实际上是中国古代历代比较有作为的封建王朝建立初期通用的措施，鳌拜辅政时期也不例外。但是在具体措施上，除了实施一些以前历代王朝都能够实行的诸如开荒归己并减免开荒者的赋税、以垦荒的数量作为对地方官员奖惩的标准、灾荒年间减免赋税、开仓赈济等措施之外，鳌拜辅政时期还有很多创新，这在当时是十分难能可贵的。这其中，最为突出的是，在政府财政十分拮据的情况下，鳌拜还命令发给各地穷苦百姓及投诚官兵耕牛、种子和银两，为他们创造垦种田地的有利条件。这在以前是少有的。例如，根据《明清史料》丙编第十本记载，清朝初年，由于连年战乱，导致四川地区人烟稀少、经济残破。在这种情况下，鳌拜提出“无论本省、外省文武官员，有能招民三十家入川、安插成都各州县者，量与纪录一次；有能招民六十家者，量与纪录二次；或至百家者，不论俸满，即准升转”。这对恢复发展四川的经济有着非常重要的意义。

二是实行“更名田”。鳌拜辅政时期，在经济上的一个最被后代历史学家肯定的一个德政，就是实行“更名田”。这项措施，也是他在担任辅政大臣的过程中，最后的辉煌——因为在这件事情完成之后仅仅两个月，他就被康熙皇帝拿下了！

1669 年春，鳌拜下令“命查故明废藩田房……给与原种之人，令其耕种，照常征粮”，并“将无人承种余田，招民开垦”，这就正式承认了农民在明末起义中获得的部分成果。

（三）减少军事行动

鳌拜虽然是追随皇太极在马背上得天下、号称“万人敌”被赐号为“巴图鲁”的重要军事将领，但是在鳌拜辅政时期，大清王朝在军事方面的政策和行动却是很有节制的。

导致鳌拜减少大规模军事行动的原因一方面是由于中原人民的强烈抵抗，另一方面则是由于财政方面的困难——鳌拜知道，军事开支实际上是个无底洞。如若一味进攻，大清王朝很有可能步前明后尘，迅速衰落下去。因此，他们在消灭南明永历政权之后，就迅速宣布：“从此大兵得以休息，粮饷不致糜费。宣诏中外，咸使闻知。”从而把完全统一中国的任务交给了后来的康熙皇帝。

应该说，这个时期大清王朝的政策和行动，取得了积极的效果，为1683年最终统一台湾准备了良好的条件。

但是，就在这种条件下，鳌拜却与康熙皇帝产生了矛盾。这是怎么回事儿呢？话还要从康熙初年存在的三大矛盾谈起。

埋了三个雷

（一）满汉民族矛盾——“重满轻汉”政策的遗孽

明清之际，随着满汉两大民族双方上层贵族分子争权夺利斗争的加剧，满汉两大民族之间的矛盾也无可挽回地激化了。

（二）是否学习先进文化的矛盾——进步与保守之争

这里的先进文化，既包括中原汉族的先进文化，也包括西方的先进文化。

清朝最初入关后的两位皇帝——顺治皇帝和康熙皇帝都对中原汉族的先进文化和西方的先进文化抱有好感。他们都认为，只有采用汉族的制度，汲取汉族的文化才能使清朝长治久安。不仅如此，顺治皇帝和康熙皇帝还都拜一些西方传教士为师。

但是，以鳌拜为首的四位辅政大臣一方面对汉族施行高压政策，不遗余力地打击汉族地主知识分子；另一方面还想方设法地将汤若望下狱，准备处死。

（三）八旗内部矛盾——两黄旗和两白旗之争

顺治皇帝即位前后，两黄旗和两白旗为争立皇帝，几乎兵戎相见，从而造成了难以缓和的八旗内部矛盾。顺治皇帝即位以后，以多尔衮为首的两白旗实际上掌控着国家政权，因此他们极力压制以索尼、遏必隆、鳌拜为首的两黄旗。顺治皇帝亲政以后，两黄旗实际上掌控着国家政权，两白旗失势。黄白旗之间的矛盾一直延续到康熙初年。

面对这种种矛盾，辅政大臣鳌拜是怎么做的呢？

民族问题很重要

（一）宣称“首崇满洲”

辅政伊始，鳌拜便宣称要“率循祖制，咸复旧章，以副先帝遗命”。经过篡改的顺治遗诏以“渐习汉俗”、对满臣“不能信任”等十四罪自责。这些已经表现出了鳌拜辅政时期的基本方针政策。

此后的鳌拜等辅政人臣在各方面都采取了“重满轻汉”“首崇满洲”的政策。

这样的一个政策，从努尔哈赤延续到皇太极、从顺治延续到康熙。直到 1669 年康熙皇帝亲政也没有什么改变。不管他们对汉族地主表示出多么友善，但一旦触及满洲统治者切身利益，危及满洲贵族统治地位，他们“重满轻汉”的根本原则就会充分反映出来。鳌拜辅政时期，自然也不例外。

（二）被迫满汉平等

虽然鳌拜时时处处企图“重满轻汉”“首崇满洲”，但是他也知道，这是一件非常难以做好的事，在更多的场合，鳌拜只能被迫作出妥协。也就是说，鳌拜等在强调满洲的统治地位、清除明末弊政残余的同时，并没有在顺治朝满汉关系的格局上作更多的改变。

这个方面的例子是非常之多的。

例如，1662 年谕都察院：“巡视茶马一差，近经部议，满汉兼差，已经奉旨准行。今思巡视茶马差原系汉御史，从无差满官之例，以后著仿照旧例，止差汉官，不必兼差满官。”

又如，1658 年，顺治皇帝曾将皇太极时建立的内三院名号取消，仿明制将大学士改为殿阁大学士，满、汉“仍俱正五品”，比顺治初年俱正二品有所降低，但并无差别。1661 年，鳌拜等以不合旧制恢复内三院名色，“设满、汉大学士等，照尚书、侍郎品级”，即大学士为正二品，恢复的乃是顺治初的定制。同年亦定内三院满、汉大学士各一员，满学士二员，汉军学士和汉学士各一员，满、汉比例大致相等。六部在清初统治者眼里一直是比内三院更重要的，所以鳌拜等在 1667 年曾定满尚书为一品，汉尚书为二品，略有差别。但实际任事的满、汉尚书、侍郎人数是相当的，均为满、汉各一人。

再如，就地方行政机构而言，顺治年间和鳌拜辅政时期，任地方督抚者几乎没有满、蒙人，汉军旗人在总督中约占十分之八，一般汉官占十分之二；在巡抚中汉军旗人与一般汉官平分秋色，前者略多，只是到辅政末期，才有极少几个满、蒙人任督抚，还不如康熙皇帝亲政以后的多。至于府州县各级官吏，几乎是清一色的汉官。

这种中央机构满人占优势，地方军政大员中汉军与汉人各据其半，低级官吏几乎全为汉人把持的情况，在整个清前期变化都是不大的。因此，尽管鳌拜等比较强调“首崇满洲”，但由于这样一种满、汉地主阶级联合统治的基本格局不能变更，满、汉关系也没有发生重大的变化，汉化的趋势没有被遏止。

不管怎么说，鳌拜的上述做法，没有主观上缓解满汉矛盾的努力，也就没有缓和本来已经日益激化的满汉矛盾。

杀了一个洋人

说到先进文化，我们不得不说到一个人，这个人在明清之际的中国，在传播西方先进文化的过程中，作出了不懈的努力。而他被鳌拜集团迫害致死的悲惨命运，也是鳌拜最终倒台的一个非常重要的诱因。这个人，便是汤若望。

（一）汤若望与杨光先的斗争

康熙皇帝即位以后，拒绝接受汉族和西洋先进文化的守旧派势力卷土重来。汤若望迅速成为他们全力以赴打击的对象。

不过汤若望的小辫子可不好抓。所以无论是当时羽翼未丰的鳌拜，还是一贯极端仇视基督教、被汤若望称为“最恶劣种类的基督教仇视者”的苏克萨哈都没有直接出面。而是由杨光先出面。

杨光先，安徽歙县人，为人粗暴，好争斗。崇祯皇帝在位时期来到京师，抬着棺材到阙下，上疏弹劾大学士温体仁，被称为奇人。后遭廷杖，谪戍辽西。明朝灭亡后，杨光先回到江南，后又旅居京师。他不懂天文历法，却自认为是一位天算学家。他在朝廷中的保守派大臣的支持下，先后多次弹劾汤若望。

早在顺治皇帝在位期间的1660年，杨光先就曾上疏顺治皇帝《辟邪论》弹劾汤若望。在这次弹劾中，杨光先指责《时宪历》封面不应题“依西洋新法”五个字，以此攻击汤若望。当时顺治皇帝对汤若望非常崇信，礼部不予受理。这次较量，汤若望取得胜利。

1664年，杨光先再次弹劾汤若望。杨光先这次弹劾汤若望的罪名中首先一条是在新的历法书上注有“依西洋新法”字样，是对国家的侮辱。再有就是新的历法只推算了二百年，有诅咒亡国的嫌疑。而最恶毒的一条则是在荣亲王葬礼时不选用正五行而采用洪范五行，导致在不利于母的时间下葬！而恰巧的是，其母董鄂妃也在其后不久死去。这个罪名可以说很重，因为所有人都知道董鄂妃死后顺治皇帝是如何伤心欲绝，甚至改信佛教，在宫中大兴土木的；甚至可以说顺治的早逝很大程度上是由于董鄂妃的死。以汤若望当时的身份地位，前两条还只能说是“事”，算不上“罪”。而这一条如果坐实，那谁也救不了他了。另外，杨光先还攻击基督教教义邪恶、新历错漏百出，要求将汤若望凌迟处死！

这是一次彻头彻尾的诬告。关于在下葬时采取洪范五行而不是正五行，应该为此负责的是礼部尚书恩格里。汤若望在获悉后立即上奏，并且恩格里本人也被革职充军了。而新历早在1644年的日食时就被证明是正确的，当时大学士冯铨与汤若望一起率钦天监官赴观象台测验。结果是，唯新法准确预报了日食的发生，而大统历、回回历都不准。

但这个时候的汤若望已经因中风动弹不得了，此时的他无法反驳，只能由其弟子比利时人南怀仁为之作答。看来汤若望是躲不过一死的命运了。

戏剧性的一幕发生在审理汤若望所注历书问题时，也就是1665年1月16日，康熙三年十二月初一。汤若望在历书中预测了当天日食发生的准确时间（下午 3 点 26 分）。而杨光先等汉、回天算家也预测到了，只是时间有所不同。为了验证到底谁对谁错，北京城里几乎所有的达官贵人、天算家会聚起来，准备亲眼见识一下几种历法的准确程度。如果这一次汤若望不能证明自己的预测正确，那即使别的罪名不能成立，他也将被处死！

回族天算家们的预测时间大约比汤若望的早半小时，而杨光先等汉官的预测则早了十五分钟左右。无论他们中哪一个预测准确，汤若望的下场恐怕都会很惨。可他们的预测都落空了，当预测时间到来时，太阳依旧好端端地挂在天上，没有一点儿出现日食的意思。西洋历法这一次似乎又要取得胜利了。然而就在汤若望所预测的时间到来之前大约五分钟，负责通报时间的官吏就宣布："现在是汤若望预测的时间了！"

三百多年前，在紫禁城里，一个绑着锁链、呼吸困难、全身瘫痪、躺在木板上的外国老头正期待着自己通过科学计算得出的结论能最后被事实所证明。可他未必能够想到，竞争对手竟然不甘心失败，想出了早报时间这种阴险手段把他也拖入失败者的行列。

可世界上总有所谓的"奇迹"发生，就在宣布汤若望预测时间到来的同时，天空中出现了阴影，不是有云彩飘过来，而是真的出现日食了！现场充满了赞叹声和掌声，而在北京城的大街小巷里，平民早就得知了这次比赛，也一样为汤若望的胜利而感到惊奇和欢呼。

这次想要陷害汤若望的人可是搬起石头砸了自己的脚，如果他们什么都不做，那汤若望的预测就会比正确的时间晚。那就证明了杨光先的论点，即新历法存在错误。而正是因为提早通报了时间，不仅使新历法再次得到肯定，还彻底击败了大统历、回回历的拥护者！

（二）汤若望之死

1665 年 5 月 15 日，经过满朝文武大臣二百余人的共同决定，汤若望

最后被判处死刑。

不想，就在这一决定刚刚通过的时候，北京突然发生了大地震，朝臣们惧为上天示警，遂议减轻“案犯”刑罚，将汤若望改判斩监候，南怀仁等三名教士释放。

然而，大地仍是屡震不已，一连三日，人皆露宿。并且，京都上空又出现彗星，也即扫把星，人们更加惴惴不安。鳌拜等人亦畏天意，不敢擅断，只好向孝庄太皇太后请示。这位曾认汤若望为教父的孝庄太皇太后斥责众臣不该将汤若望置于死地，命迅即开释。

但汤若望钦天监的职务被免除，《时宪历》也被废止，恢复原来的《大统历》。钦天监中的历科李祖白、春官正宋可成、秋官正宋发、冬官正朱光显、中官正刘有泰仍然被斩首。

汤若望本人于1666年8月在失望和悲痛中去世了。当年顺治皇帝赐下的墓地亦被没收，传教士们只好把他葬在别处。

这个地主当不得

在康熙初年，两黄旗和两白旗之间斗争的焦点是更换圈地的利益之争。

清初圈地时，多尔衮当权，将肥沃的冀东地区圈给了正白旗。康熙初年，鳌拜提出圈地应按八旗排列顺序，因此冀东的土地按顺序应归黄旗所有。

当时户部尚书苏纳海、直隶总督朱昌祚、巡抚王登联都以“旗人安业已久，民地曾奉谕不许再圈”为理由（《清史列传》），加以反对，属于正白旗的苏克萨哈也坚决反对。

结果，苏纳海、朱昌祚、王登联和苏克萨哈被杀。苏克萨哈一家最为悲惨，他和他的七个儿子，一个孙子，两个侄子，以及族人前锋统领、侍卫两名都遭斩决，一共是十四条生命。

换地事件中，鳌拜虽然取得胜利，但是以此为引子，却使早就潜伏已久的多种矛盾迅速激化起来。这种矛盾，主要表现为满汉民族矛盾和满洲八旗内部矛盾。也就是说，到这个时候，清朝政府必须改弦更张。在这种情况下，鳌拜作为换地政策的积极推行者，被解除职务，就只是一个时间问题了。

职务被解除

上一节，我们说到了鳌拜专权。从中我们可以知道，鳌拜被解除职务只是一个时间问题。但是，鳌拜是如何被解除职务的呢?

早就被盯上了

当时康熙皇帝的贴身侍卫是索额图——四大辅臣的老大索尼的儿子。

索额图是索尼的三儿子，他在此之前已经担任了大学士。但是他受皇太后、太皇太后，受索尼也就是他父亲、皇上的委托，辞去一切公职，担任皇帝的贴身保镖。

所以，我们知道，其实从刚才这样的一件事情上来说，解除鳌拜的职务是早有预谋的。

在索额图担任皇上的贴身保镖以后，就从满洲贵族的八旗子弟当中招募了十几个“布库少年”。

（一）“布库”“布库戏”和“布库少年”

关于“布库”，我得给大家介绍一下。“布库”是满语，翻译成汉语就是摔跤常胜者的意思。还有一个词汇：“布库戏”。一般而言，“布库戏”是两个人为一组，一种背对背的摔跤方式，有点儿像我们过去体育课上的一种放松动作。我把你摔过去或者你背着把我摔过去，这个“戏”必须得是从头上把对方甩过去重重地摔在地上，才是对的，赢了的就叫“布库少年”，输了就不是了。“布库戏”还有多人参与的，就是分成两组，你们抽一组人，咱们一个一个比赛，最后看谁赢得多。

在这种情况下，提起康熙皇帝擒鳌拜就得提到索额图训练“布库少年”。

（二）宫廷摔跤队总教练索额图

这个时候索额图的身份，在公开场合，是康熙皇帝的贴身保镖、贴身侍卫，跟皇帝形影不离；在暗地场合，他是宫廷摔跤队的总教练。

宫廷摔跤队的总教练索额图，指挥这帮小孩子每天练习摔跤，当然小孩子们也不知道是为什么，他们谁也不认识，只认识索额图，只认识皇帝。

索额图召集的都是亲贵子弟，这个时候的康熙皇帝也小，虚岁是16岁，实际14周岁。一个14岁少年，召一帮小孩儿天天跟那儿摔跤，鳌拜每天上朝一看，皇上又在那儿折腾，也不在意。

但是，康熙皇帝和孝庄太皇太后，还有索额图，他们可是算计好了——他们非常清楚，这个鳌拜太厉害了，被称为“第一巴图鲁”，这个“巴图鲁”，就是汉语“勇士”的意思。

当年鳌拜在几大战役当中立下赫赫战功，有一个关于他的记载是说，当时步战把人家一个步兵营硬给打垮了。而且在打朝鲜的时候，他也是非常厉害的。

明知道鳌拜膀大腰圆块大，该怎么办呢？事先在太皇太后的刻意授意之下就做好了准备。

这是一个什么样的计策呢？

害人也有大学问

（一）康熙皇帝擒拿鳌拜的地点选择

地点选择在武英殿——不是传说中的慈宁宫。

既然地点不是慈宁宫，当然借口也不可能是康熙皇帝撒谎，说是孝庄太皇太后有病。

因为只有武英殿才可以有小孩子们跟康熙皇帝等人练武。

（二）康熙皇帝设计让鳌拜放下武器

当时设计的借口是康熙皇帝在武英殿召见鳌拜。也就是说，康熙皇帝要跟鳌拜商议一些事情。但是，在平时，鳌拜每天都是带刀上朝的。

所以，这一天，鳌拜带刀上朝的时候，索额图站在门口说：皇上大了，您是不是把刀放下，已经吓唬不住皇上了。

当时的鳌拜可是丝毫没有在意，他就说：算了，算了，我还是把刀交给你吧。

就这样，鳌拜的手中就没了武器。

但是，我们知道，这个鳌拜的确是非常厉害的一个角色，他即使不带武器，也是一个不能轻易被别人擒拿的角色。这可怎么办呢？

（三）鳌拜的座椅是个瘸腿椅子

当时为了避免在擒拿鳌拜的过程中出差错，孝庄太皇太后、康熙皇帝、索额图他们就给鳌拜准备了一把特制的椅子——椅子还是四条腿，但是其中一条腿是被锯折了之后，又轻轻地拼接上的。那么，这条腿怎么选择呢？

您看，如果您是康熙皇帝坐在一边，我是鳌拜坐在另外一边，肯定我身体的重心要偏向您康熙皇帝这边的，按照我们数学、物理学的原理来讲，有个三角形的稳定性问题，有一条腿是不吃劲儿的，于是就选择了这条不吃劲儿的腿给锯折了。

所以鳌拜这一坐下之后，他肯定是身体偏向着康熙皇帝说话的，这样他就暂时不会马上发现他坐的椅子的腿中有一条是被锯折了的——他的安全暂时是没有问题的。

（四）鳌拜的座椅后面有个非常厉害的“布库少年”

在鳌拜和康熙皇帝说话的过程中，他的坐椅后面有一个侍卫。不过，这次的这个内廷侍卫不同于往常，这次的这个内廷侍卫可是已经训练好了的、非常厉害的“布库少年”。

（五）给鳌拜端茶倒水的人也是个非常厉害的“布库少年”

按照惯例，在鳌拜和康熙皇帝说话的过程中，应该有个太监给鳌拜端茶倒水。的确出来了一个人——不过这个人他不是太监，而是与鳌拜的座椅后面的那个人的身份一样——非常厉害的“布库少年”。

（六）鳌拜的茶碗是被沸腾的开水煮过的

更为重要的是，这个给鳌拜端茶倒水的“布库少年”，给鳌拜端上来的茶碗是已经在滚开的水里煮了一个小时的。而“布库少年”手中端的茶碗的茶托却是凉的。

十几比一的胜利

（一）康熙皇帝智擒鳌拜的过程

这样，我们再来完整地叙述一遍康熙皇帝智擒鳌拜的经过：

康熙皇帝借口要跟鳌拜商议一些事情，而在武英殿召见鳌拜；鳌拜带刀上朝的时候，索额图让鳌拜把刀交给索额图，鳌拜丝毫没有在意就把刀交给了索额图；进门之后，鳌拜坐在了一个有一条腿被锯折了的椅子上；鳌拜这一坐下之后，在他和康熙皇帝说话的过程中，鳌拜的座椅后面安排了一个已经训练好了的、非常厉害的“布库少年”；就在鳌拜和康熙皇帝说话的时候，又出来了一个假太监——也是一个非常厉害的“布库少年”——给鳌拜端茶倒水。

鳌拜一接这个茶碗，发现这个茶碗是被沸腾的开水煮过的，非常烫手，“啪”的一下子，鳌拜就把这个茶碗摔掉在地上了！

然后，鳌拜肯定得捡拾这个茶碗，就在鳌拜俯下身去捡拾摔在地上的茶碗的过程中，他的身子偏向了另外一边——腿被锯折了的这一边。结果，“啪”的一下子，鳌拜倒身朝地。

鳌拜这一倒，这边送杯子的和他背后站着的两位非常厉害的“布库少年”，就同时扑向已经失去重心的鳌拜，他们的口中还同时喊着：鳌中堂栽了！赶紧抢救！

结果，却是又上来十几个小孩儿！

鳌拜没有想到这十几个小孩一上来，一下子就把他给摁那儿了。

纪连海语录

这个时候的鳌拜，本来以为这十几个小孩是来扶他的！但没想到，这十几个小孩一上来，一下子就把鳌拜给摁那儿了。然后康熙皇帝宣布鳌拜三十大罪状。

这个时候的鳌拜，本来以为这十几个小孩是来扶他的！但没想到，这十几个小孩一上来，一下子就把他给摁那儿了。然后康熙皇帝宣布鳌拜三十大罪状。

（二）鳌拜的获罪和被平反

本来康熙皇帝想治鳌拜死罪，但是念在鳌拜立功不少的份儿上，宣布将鳌拜终身监禁。

说到这里，我想起了一件事，事情说的是有一家新闻媒体在报道中称，前些年，大连有一户姓金的人家，他们自称是鳌拜的后代。根据他们的家谱中的记载，鳌拜当年是终身监禁，只有一个人跑出来了，是鳌拜的一个孙子，他跑出来以后在那个地方落脚了，六代以后他们家就改姓金了。

在实际中，应该不是这样的。因为，鳌拜在被监禁之后没几个月就死了。鳌拜死了以后，在康熙四十二年（1703 年）的时候，康熙皇帝就已经让鳌拜的后代重新出山，该工作的工作，但是没有给鳌拜平反。

雍正皇帝即位以后，马上就给鳌拜的全家平反。让鳌拜的后代继承鳌拜的爵位，一等公。后来，雍正皇帝又觉得这样对鳌拜还是不公平，又加封鳌拜为超武公。“超武公”在所有加“超”的“公爵”当中，是最高的位置。在“超武公”的上面就是“王”，而按照雍正皇帝以后的规定，只有和皇帝有血亲的人才可以被加封为“王”。这样的话，鳌拜的“超武公”已经是顶峰了。

也就是说，对于鳌拜的处置，康熙皇帝及其子孙也觉得后悔了。后来，康熙皇帝及其子孙也采用了比较宽容，甚至是追加封赏这样的方法来表达自己的歉意之情——对于处置鳌拜的方法及给鳌拜后代带来的灾难性后果的歉意——并给予了充分的补偿。

《鹿鼎记》里的高手

（一）铁丐吴六一的三个场景

在这里，我们要插这样一个人物，在有些电视剧智擒鳌拜这场戏当中，还有一个关键人物，就是那位人称铁丐的、官职为九门提督的吴六一。

（二）《鹿鼎记》《聊斋志异》和铁丐吴六一的原型

吴六一这个人我没听说过，我倒知道有个叫吴六奇的。

要说起吴六奇这个人，可能我们大家就比较熟悉了。凡是看过金庸的小说《鹿鼎记》的人都知道，《鹿鼎记》里面有一个吴六奇，好像还特别魁梧有力，当时是大将军，在里面有一段佳话：

有一个大儒士叫查伊璜，也叫查继佐。吴六奇与查伊璜两个人有一段交往的故事，给人留下了深刻的印象。

另外，还有一本比金庸的小说《鹿鼎记》还要早的书——《聊斋志异》。《聊斋志异》里也有关于吴六奇的记载。实际上，金庸的小说《鹿鼎记》中关于吴六奇与查伊璜两个人交往的故事，就是取材《聊斋志异》当中的一段故事。金庸为什么把《聊斋志异》的这一段故事移植到《鹿鼎记》当中呢？是因为金庸先生姓查，金庸本人的原名就叫查良镛。

莫不成这位查伊璜和查良镛，一个是祖宗，另一个是后代？

您还别说，无论是金庸的小说《鹿鼎记》中关于吴六奇与查伊璜两个人交往的故事也好，还是《聊斋志异》中关于吴六奇与查伊璜两个人交往的故事也罢，他们所写的故事的另外一个主人公查伊璜先生，说的就是金庸先生祖先的故事。

也就是说，历史记载中，还真有一个叫吴六奇的人，只不过这个人他不叫吴六一而已！

（三）从和尚庙里出来的吴六奇

在吴六奇年纪很小的时候——我们要注意，这个人他生活在明清之际——正好是动荡时期。后来他一看，我也无以为生，怎么办呢？我就出家当和尚吧！

但是，这个时候的和尚庙也不好过——人家和尚庙不收他，还跟他说：我们这儿还没法过呢，你走吧。

吴六奇说：我也没处去，你这里是和尚庙，你总得收留我。

和尚对他说：你也甭剃度了，你就跟我在这儿当一个烧火的得了。

然后白天人家老和尚训练小和尚刀枪剑戟斧钺钩叉，他偷着看。

有一天，老和尚下山了。

等老和尚下山以后，这个吴六奇对老和尚的徒弟小和尚说：我看师父天天教你们，也不知道你们的武艺学得怎么样了，跟我练一段吧！

结果一下子，吴六奇把人家小和尚打死了。

吴六奇打死了人以后，没敢跑。他把自己绑上，等老和尚回来以后，吴六奇对老和尚说：师父，我把你徒弟给打死了。

老和尚一听，就对吴六奇说：人死不能复生！这样的乱世，你给我演练一段，你怎么就把人给打死了呢？

当时吴六奇就给老和尚演练了一段。

老和尚对吴六奇说：你简直成万人敌了，比我都强。你就维持寺庙的秩序吧。

后来，每天晚上都是吴六奇打更。

话说有一天晚上，和尚庙来了一只老虎。

老虎进来以后，吴六奇三下五除二就把老虎打死了。吴六奇把老虎打死之后，和尚庙又来了一只老虎——那个时候华南虎也多，不像现在满世界都找不着——刚才打死的是母老虎，这时又来了一只公老虎，结果吴六奇三下五除二又把公老虎打死了。

这个吴六奇简直就是武学奇才，天生勇武，打老虎这一段堪称武松再世。

这时候，他的师父——和尚庙里的老和尚就说了：你下山去吧，不是我这儿不收留你，而是这个世道正是动荡之际，正是你建功立业的好时候，你下山建功立业去吧。

吴六奇下了山以后去投奔谁呢？

（四）从乞丐到总兵的吴六奇

当时的社会是一个乱世，大家都在乱跑。结果，吴六奇下山建功立业的梦想没有成功，反而变成了一个要饭的乞丐。

就这样，乞丐吴六奇每天要饭，最后吴六奇从广东要饭要到了浙江海宁。

说到海宁这个地方咱们又得谈谈查伊璜他们家了，查伊璜他们家当时是浙江海宁的望族。

乞丐吴六奇正好要饭要到查伊璜他们家门口。

查伊璜一看，这儿有一个乞丐，不但给了吴六奇几两银子，还收留了吴六奇。

据说后来查伊璜家遭到清朝文字狱的迫害、即将满门抄斩的时候，吴六奇想到了当年人家对自己有恩，应当涌泉相报，马上告知查伊璜家，让他们准备一下，这才让查伊璜家留下了后代。所以才有现在的武侠小说大师金庸和金庸的武侠小说！

这真是一段美谈。

问题在于，在一些电视连续剧中，提到他是九门提督这样一个高官，这是不是真的呢？

答案是否定的。历史上，吴六奇这个人的官很小，他当的最大的官就是总兵，而且就在他的家乡当总兵。

吴六奇这个人这点好，当官了就想起了自己的老和尚师父，于是吴六奇满世界找他的老和尚师父。结果当然是没找到。怎么办呢？吴六奇有办法，他在他的家乡建了一座寺庙——太平寺。在这十多年里，他修筑了多处炮台并督造了大批战船，还重建了饶平县城，同时重修孔庙和乡贤祠。

《鹿鼎记》中说吴六奇是天地会洪顺堂的红旗香主，那可不是真的。

吴六奇一生最大的贡献是什么呢？就是在明清之际有一次战役——是清军与郑成功打仗，结果吴六奇率领的清军拿下了广东揭阳。拿下广东揭阳以后，吴六奇把郑成功手下的一个大军官给俘获了，这个大将叫黄梧。黄梧这个人后来经过吴六奇的教育，归降了大清朝。后来在清军要收复台湾的时候，黄梧一而再、再而三地向康熙皇帝推荐一个人。推荐的这个人是谁呢？施琅。关于施琅这个人，我在后面的内容中会给大家介绍。

（五）吴六奇是否经历过智擒鳌拜

但是吴六奇可从来没有当上过九门提督，而且这个人死于1665年。康熙皇帝智擒鳌拜是在1669年，也就是说，早在康熙皇帝智擒鳌拜这个事情发生的四年前，吴六奇就死了，就不在了。所以电视剧中九门提督吴六奇保卫皇帝这件事情，是从来没有发生过的，而且吴六奇不可能当上天地会洪顺堂的红旗香主，更谈不上打入敌人内部了。

第二章 三藩之乱

吴三桂抗清

说到康熙皇帝，就要提到这么一件事儿——平定三藩之乱。

我要先给大家解释解释，这三藩之乱中的“三藩”是怎么回事儿，他们为什么要叛乱。

清初“四人帮”

其实，在清朝初年，实际上不是只有“三藩”，而是有“四藩”。这“四藩”中，除了我们马上要重点讲解的吴三桂之外，还有“三藩”。

（一）孔有德

孔有德，出生时间不详，明末清初的一员武将。今辽宁省辽阳市人。矿徒出身，曾是辽东海盗，后投效毛文龙，与尚可喜被称为“山东三矿徒”。

毛文龙后被袁崇焕所杀，其旧部由副将陈继盛统辖。不久，参将刘兴治在皮岛叛乱，杀陈继盛等十余人，总兵黄龙随即赴皮岛镇压。孔有德、耿仲明不服黄龙统辖，率部来投登莱巡抚孙元化。1631 年秋，皇太极率清兵攻大凌河城（今辽宁凌海市），将明朝大将祖大寿围于城内。

这个时候的孙元化急令孔有德以八百骑兵赶赴前线增援，援军抵达今河北吴桥的时候，孔有德却以部队给养不足为借口，发动兵变。

兵变后的孔有德自号都元帅，和他一起发动兵变的还有李九成和耿仲明，他们一路攻城夺地，迅速围困了登州城。崇祯五年（1632 年）正月初二的后半夜，孔有德率军将登州城占领；正月初四，叛军占领水城。

孔有德的叛军占领登州城后，进行了惨无人道的屠城。此时的明军一再贻误战机，直到这年秋天，明军人马才陆续赶到。孔有德见势不妙，仓皇退守登州。山东巡抚朱大典、巡按谢三宾等鉴于城池坚固，易守难攻，确定划地分守、构筑工事、长期围困、分番攻守、封锁海道、悬赏破贼的作战方案。1632 年冬，明军大举攻城，双方形成僵持局面。

1633 年春，眼看登州城难保，孔有德率万余人连夜乘船逃窜，投降后金。1636 年，被皇太极封为恭顺王，先后率领八旗兵出征朝鲜、锦州、松山等地。1644 年清军入关后，孔有德随多铎追剿农民起义军，镇压了江南各地的抗清斗争。1646 年孔有德授平南大将军，进攻南明永历政权。1648 年，改封定南王，出征广西。1652 年，被李定国围困在桂林，兵败自杀，尸体被李定国焚骨扬灰。清廷破格为孔有德建衣冠冢。唯一幸存的女儿孔四贞，则被孝庄皇太后收为养女，立为皇妃。

孔四贞死后，被埋葬在北京西郊，她的坟墓也就是我们今天北京的公主坟。

（二）耿仲明

耿仲明，祖籍山东，1604 年出生于辽东盖州卫（今辽宁盖县）。崇祯初为登州参将，毛文龙旧部。袁崇焕督师蓟辽，杀毛文龙，耿仲明被调隶山东巡抚孙元化麾下。1632年为孔有德内应，陷登州，自称总兵官。1633年春孔有德渡海降后金。1636年被清朝政府封为怀顺王，隶汉军正黄旗；1644年随清兵入关后，镇压农民起义军；1649年改封靖南王，与吴三桂、尚可喜合称清初三藩，旋以匿逃人，惧罪自缢于进军广东途中的江西吉安。子耿继茂袭封，驻广州，又移福建。继茂卒后，继茂子耿精忠袭封，后随吴三桂叛清。

（三）尚可喜

尚可喜，祖籍山西，1604年出生于今辽宁海城。少年随父从军，为明朝戍守边关。父亲战死后，继承父业。19岁领兵作战，驻防在海上。明朝末年，政治腐败，党同伐异，争权夺利，生性耿直的尚可喜遭人陷害。1633年率部弃明投金，因战功显赫，部队被封为“天助兵”。不久，尚可喜晋升为总兵官，继而被封为智顺王。随清军入关作战，行军3万里，足迹遍及十余个省，征战七十余次，为清王朝立下了赫赫战功，被加封为平南王，很快又被加封为平南亲王，镇守广东达二十余年。

尚可喜一生中最鄙视的人便是吴三桂。在尚可喜晚年，驻守云南的平西王吴三桂起兵反清，清王朝江山岌岌可危，驻守广东的尚可喜在势单力薄的情况下，坚决痛击叛军。在援军未到之际，他几次准备在兵败时“举火自焚”或“上吊自杀”，誓死抗击吴三桂叛军。

1676年，尚可喜已病入膏肓。临终前，他叫家人搀着遥拜北方：“不能杀贼，死有余辜。”尚可喜病死于广州。康熙闻讯，特遣国子监前往致祭，并御赐祭典、祭文，赐谥号为敬。这是历朝政府对大臣的最高礼遇。

问题在于，刚才我们讲到的这“四藩”中，除了孔有德在1652年兵败自杀、为清廷捐躯之外，其他“三藩”为什么又要降而复叛大清王朝呢？他们早知现在，何必当初呢？

要想回答这个问题，我们就要从叛乱的“三藩”中最为关键的人物——吴三桂谈起！

吴三桂让人搞不明白

（一）吴三桂和吕布

说起吴三桂，倒使我想起一个人来，这个人便是东汉末年的吕布。这个盖世英雄吕布，本姓吕却先后认丁原和董卓为父，随后又先后杀掉了丁原和董卓，后世人称吕布为“三姓家奴”。

而我们现在要讲到的这个吴三桂，在人品上，似乎还更加不如吕布！人家吕布，一生只是三次投靠别人、被人蔑称为“三姓家奴”而已，可是吴三桂呢？

他先是吃着大明王朝的，喝着大明王朝的，结果呢？居然在大明王朝最最需要他的时候，背叛了大明王朝，而投靠了大顺政权；然后呢，他拿着人顺政权的，用着大顺政权的，结果呢？居然在大顺政权最最需要他的时候，背叛了大顺政权，而投靠了大清王朝；再后来呢？他居然又背叛了大清王朝，结果替人家打下了江山，自己却弄得个身败名裂。

也正是因为如此，我们才说，吴三桂是明清之际最为重要的一个人物。有的人说，这段历史上，如果没有他的存在，还不知道要怎么改写呢！

由上所述，我们可以得知，吴三桂是一个悲剧性人物。

唉，惨哪！是什么原因让他的结局如此之悲惨呢？和那个与他有着密切关系的、人所共知的江南名妓——陈圆圆是否有关系呢?

(二)吴三桂和陈圆圆

人们都说，吴三桂之所以投降清朝，是为了陈圆圆。

说起吴三桂和陈圆圆，我们就必须要提起吴梅村和他的《圆圆曲》。因为正是他和他的《圆圆曲》，才让吴三桂和陈圆圆的“事迹”“天下扬名”。下面的这首长诗，就是吴梅村的《圆圆曲》:

鼎湖当日弃人间，破敌收京下玉关。
恸哭六军俱缟素，冲冠一怒为红颜。
红颜流落非吾恋，逆贼天亡自荒宴。
电扫黄巾定黑山，哭罢君亲再相见。
相见初经田窦家，侯门歌舞出如花。
许将戚里箜篌伎，等取将军油壁车。
家本姑苏浣花里，圆圆小字娇罗绮。
梦向夫差苑里游，宫娥拥入君王起。
前身合是采莲人，门前一片横塘水。
横塘双桨去如飞，何处豪家强载归?
此际岂知非薄命，此时唯有泪沾衣。
薰天意气连宫掖，明眸皓齿无人惜。
夺归永巷闭良家，教就新声倾坐客。
坐客飞觞红日暮，一曲哀弦向谁诉?
白皙通侯最少年，拣取花枝屡回顾。
早携娇鸟出樊笼，待得银河几时渡?
恨杀军书抵死催，苦留后约将人误。

相约恩深相见难，一朝蚁贼满长安。
可怜思妇楼头柳，认作天边粉絮看。
遍索绿珠围内第，强呼绛树出雕阑。
若非壮士全师胜，争得蛾眉匹马还？
蛾眉马上传呼进，云鬟不整惊魂定。
蜡炬迎来在战场，啼妆满面残红印。
专征箫鼓向秦川，金牛道上车千乘。
斜谷云深起画楼，散关月落开妆镜。
传来消息满江乡，乌桕红经十度霜。
教曲伎师怜尚在，浣纱女伴忆同行。
旧巢共是衔泥燕，飞上枝头变凤凰。
长向尊前悲老大，有人夫婿擅侯王。
当时只受声名累，贵戚名豪竞延致。
一斛明珠万斛愁，关山漂泊腰肢细。
错怨狂风飏落花，无边春色来天地。
尝闻倾国与倾城，翻使周郎受重名。
妻子岂应关大计，英雄无奈是多情。
全家白骨成灰土，一代红妆照汗青。
君不见，馆娃初起鸳鸯宿，越女如花看不足。
香径尘生鸟自啼，屟廊人去苔空绿。
换羽移宫万里愁，珠歌翠舞古梁州。
为君别唱吴宫曲，汉水东南日夜流！

当年吴梅村的这首《圆圆曲》似乎已经永远地为吴三桂盖棺定论了——在中国人的心目中，他早已经成了中国历史上的一个臭名远扬、身败名裂的“汉奸”了。在中国的历史上，能够与他“并驾齐驱”的人物，那就只能是汪精卫了。历史真的就是“恸哭六军俱缟素，冲冠一怒为红颜”这么简单吗？还是让我们到历史中去寻找答案吧！

也是个有背景的人

（一）吴三桂的家乡

吴三桂出生于辽宁中后所城，也就是今天的辽宁省绥中县县城。中后所，全称叫中后千户所。明朝在辽东实行卫所区划，大者称卫，小者称所。中后所是一座“斗大”的小城，但所处位置却很重要。它西距山海关、东距辽西重镇宁远（今辽宁兴城）的距离均在百里左右。

吴三桂出生于辽宁中后所城，这个历史上没有争议。但是，关于他的籍贯，历史学家们却一直争论不休：有的人说他应该是安徽徽州人，有的人则说他应该是江苏高邮人。

我综合各种考证，认为吴三桂的祖先应该是安徽徽州人；后来才迁居到江苏高邮——至于是什么时候迁到这里的，还不得而知——形成高邮吴氏，大约在吴三桂的祖父的这一代或者更加靠前一些，他们家由于经商的原因，迁徙到了辽东。

（二）吴三桂的家庭：由商而武

吴三桂祖父的名字，我们还不知道，只知道他是个以贩马为业的商人，长期奔走于北方各地。后来，家境逐渐富裕起来，成为当地有名的士绅。

吴三桂父亲的名字叫作吴襄。

注意，在明清之际的历史上有两个吴襄。其中的一个，出生于1661年，50多岁时，考中了进士，雍正年间先后参加纂修《明史》《治河方略》《八旗通志》等，主持编纂《诗经集注》，独自撰写了《贤良祠诸臣列传》。吴襄于1735年病逝。吴襄一生文才出众，最著名的是他的《百梅诗》和赞美九华山风情的系列诗词。

我们这里说的是另外一个吴襄——吴三桂的父亲。

吴襄，在吴家的历史上占有非常重要的地位。因为是他使吴家由一个被当时社会所看不起的商人家庭，一跃而成为人见人敬的国家高级军事官员家庭——类似于我们今天说的高干家庭。

吴襄，这个出生于商人家庭的孩子，小的时候不爱读书，长得是膀大腰圆。努尔哈赤崛起后，在东北地区实行严酷的民族歧视政策，这引起了吴襄的反感。为了反抗努尔哈赤的错误政策，吴襄毅然卖掉自己的家产，招募团练，做起了保境安民的善事。而他的做法，不仅得到了当地百姓的欢迎，也得到了明朝政府的嘉奖。明朝政府委之以辽东团练总兵的职务，归属于镇武将军李成梁节制。

对于吴家来说，李成梁扮演了他们家从普通商人到高级将官的一个非常重要的角色；从某种角度上说，李成梁是吴家的恩人。

（三）吴家的恩人李成梁

李成梁，生于1526年，死于1615年。他的高曾祖李英原来是朝鲜人，后来因军功定居铁岭卫（今辽宁铁岭）。也就是说，他出生于武将世家。1574年，李成梁击败建州女真酋长王杲，升为镇守辽东总兵，总辖辽东军队。

1583年，李成梁再度发兵攻击王杲之子阿台，努尔哈赤的父亲塔克世是王杲的孙女婿，死于这次战斗。根据《明史纪事本末》记载，塔克世当时已经归附李成梁，因充当这次行动的向导而战死。塔克世死后，李成梁命努尔哈赤承袭塔克世的一切。这就是后来努尔哈赤所谓的“七大恨”之首。

李成梁镇守辽东二十多年，转战各地，多次打败外敌进犯，使辽东安息多年，巩固了明朝的东北边防。1591 年，李成梁被弹劾解任回朝。辽东此后则是“十年之间更易八帅，边备松弛”。1601 年，75 岁的李成梁被重新起用镇守辽东达八年之久，威名不减当年。所以《明史》里说他“然边帅武功之盛，（明）两百年来所未有”。

由上面的介绍我们可以看出，李成梁在当时是一个非常著名的人物，他怎么会看上一个小小的团练总兵呢?

（四）吴襄崛起的诀窍

吴襄善于相马和驯马，所以他很受也同样爱马的李成梁的赏识。

说起吴襄善于相马和驯马，这里面还有个故事呢!

故事说的是在 1619 年，努尔哈赤以所谓的“七大恨”为借口，对明朝发难。双方大战于萨尔浒，结果明军败绩。所有归来的参战将领都获罪了，只有千总吴襄受到奖励——因为他凭着自己的才干勇夺胡马 300 匹。

1622 年——也就是我们常说的大明天启二年，吴襄中了武进士。

在长期抵抗后金的斗争中，吴襄先后历任都指挥使、都督同知、总兵、中军府都督等军事要职；同时，吴襄与当时在东北的一些明朝武将也结下了深厚的友谊：吴襄把自己的妹妹嫁给锦州总兵、挂“讨虏先锋印”的辽东名将祖大寿，而祖大寿也把自己的妹妹嫁给了吴襄作为填房。此后，吴氏家族和祖氏家族联姻，形成了一个庞大的军事集团。

由此我们可以得知，祖大寿这个人，既是吴三桂的姑父，也是吴三桂的舅父。可问题在于，祖大寿何许人也，值得吴家如此重视？

（五）吴三桂的姑父和舅父祖大寿

祖大寿是一个很有意思、很值得我们品味的人。

祖氏世居辽东，是宁远卫守将，到祖大寿时，已历五世，皆以军功发家。祖大寿和他的弟弟祖大弼、祖大乐，子侄祖泽润、祖泽远、祖泽溥、祖泽洪等都是袁崇焕手下的大将。他们在帮着袁崇焕守卫宁远的历次战役中都立过大功，打败过努尔哈赤和皇太极两代帝王。为表彰祖氏世代镇辽的功勋，崇祯即位后，特命于宁远城内敕建祖氏四世镇辽的功德牌坊。至今，这座牌坊仍矗立在兴城内中心大街。

袁崇焕被崇祯皇帝抓了，祖大寿居然以全家性命去保袁，还返回辽东欲以战功救袁，实在是个极有信义的人。

袁崇焕被杀后，祖大寿奉命驻守大凌河城（今辽宁凌海），皇太极亲自领兵围城，最后城中粮尽，先是吃马再吃平民，最后连老弱残兵都吃了，实在没办法，只好率军投降。

根据《明史·丘禾嘉传》记载，祖大寿投降之后，向皇太极说自己可以去锦州当内应，帮清兵拿下锦州。皇太极信了，结果他一回锦州就坚守抵抗，算是把皇人极给骗惨了。皇太极很没面子！不过，他投降的事，很快被辽东巡抚丘禾嘉得知，密奏朝廷。崇祯却按下此事不提，装作不知道，竟然容忍下来。

天有不测风云。皇太极在十年后又包围了锦州城，围城一年击败了明援军，城内又没了粮食开始吃人，祖大寿只好再次投降皇太极。这一回他再也不能玩儿计谋了，老老实实地在皇太极手下当起了汉奸。

不是学文的料

（一）吴三桂的出生和相貌

1612年，也就是我们常说的大明万历四十年，吴三桂出生于辽宁中后所城的一个低级军官之家。吴三桂的生母是谁，历史上没有任何记载，我们现在只知道他的继母是明代名将祖大寿的妹妹。

吴三桂，字长白，在家里排行老二，哥哥叫吴三凤，弟弟叫吴三辅，此外还有两个妹妹。

吴三桂的相貌是什么样的呢？简单地说，按照吴梅村的《圆圆曲》中的记载，可以说是个美男子——“白皙通侯最少年”嘛。也就是说，江南的水气和塞外的长风同时融进了他的气质，他的外表兼具北雄南秀的双重特点。

具体说，按照刘健《庭闻录·卷六》的记载：

三桂巨耳、隆准，无须。瞻视顾盼，尊严若神。鸡鸣即兴，夜分始就枕，终日无惰容。鼻梁伤痕，右高左低，中有黑纹如丝，非缔视不见。忤意，即自扪其鼻。与人语，如疾言，则意无他；或中变，则闭唇微咳，声出鼻中。以此两者测，百不失一。

这鼻子的伤痕从何而来呢？后面有交代。

清朝另一位不知名作者的著作《吴逆始末记·附〈觚剩〉一则》记载：

延陵将军美丰姿，善骑射，躯干不甚伟硕而勇力绝人。沈鸷多谋，颇以风流自赏。

（二）少年时代的吴三桂：弃文从武

一心望子成龙的吴襄在培养儿子上不惜工本，曾多次劝说酷爱武术的儿子吴三桂弃武从文，还为他提供机会，投在明朝美术界的宗师董其昌门下读书。可少年吴三桂却执意不听，他认为，将来国家有难，还是要武人冲锋在前。俗语说："男怕入错行，女怕嫁错郎。"吴三桂认为自己绝对没有入错行。早年没从军前吴襄带着儿子以贩马为业，自山东到辽东走的都是京津地区，有心计的吴三桂一直在观察着明朝渐渐衰老的政治中枢，在这个大背景下，一个理智的青年当然会理智地选择自己的行当。

在练武场上，吴三桂表现出了很好的自律能力和吃苦精神，长时间单调而艰苦的训练中，他异常投入，从不偷懒。另一个突出的品质就是争强好胜，从不服输。

祖大寿很早就发现了这个外甥身上的不凡素质，对他极为宠爱，广延名师，悉心栽培。才十几岁，他的一身骑射本领就已十分出众，校场上常常夺魁，在关外军中已小有名气。

1627 年，崇祯皇帝登基，面对战云密布的关外，他决定开武科取士。录取工作由礼部尚书董其昌来主抓。董其昌拜见了已经做了京官的吴襄，打探武科人才，吴襄毫不谦虚地推荐了自己的儿子吴三桂。果然，吴三桂没有辜负父亲的吹嘘和舅父的教诲，最终以自己的实力夺得了武科举人。此时，上距其父吴襄夺得武进士才 5 年的时间。不久，吴三桂又以父荫为都督指挥，从而开始了他的政治生涯。

事情也怪，吴三桂的父亲吴襄是弃商从军，结果得到了李成梁的赏识，还与祖大寿成了患难与共的朋友；此时，吴三桂又弃文从武，开始了他的政治生涯。他会遇到什么样的机缘呢？

冲动不是魔鬼

吴三桂的青年时代，正是明朝与后金政权争夺辽东的时代，而他所生活的地区——辽东正是双方激烈争夺的战场。这给了他施展才华的大好时机。根据《明清史料》中的记载，吴三桂从青年时期开始随父征战各处，并以此小有声誉而迅速升迁。

关于吴三桂的青年时代在战场上的具体情况，《庭闻录》和《吴三桂纪略》上面都记载着这样一个故事：

1629年冬，皇太极亲率大军，绕道内蒙，直趋北京。崇祯皇帝误中皇太极的反间计，将大将袁崇焕逮捕入狱。袁崇焕被崇祯皇帝逮捕下狱的时候，袁崇焕的身边就只带了祖大寿和吴三桂两名关外大将，还有一名是帮他背剑的贴身卫士，袁督师对吴三桂的器重，也由此可见一斑。

袁崇焕被捕之后，袁崇焕手下大将祖大寿偕同吴三桂率辽兵奔返宁远，崇祯皇帝派使者到山海关才追上祖大寿，宣称只抓袁崇焕一人，与众将无关。如此，祖大寿和吴三桂才返回自己的阵地孤城宁远，打算截击后金兵，这时已到了1630年的春天。

据说这一天，吴三桂的父亲吴襄带领数百人外出侦察敌情，忽然与上万名后金的八旗军队相遇。八旗军队一看对方就这么点儿人，于是欺负吴襄他们人单势孤，企图迫使他们投降，于是这些八旗兵采取了围而不攻的计策。而这个时候的祖大寿看见后金的八旗军人多势众，不敢派兵出城救援。这个时候的吴襄等人，眼看只有死路一条了！吴三桂眼看父亲被困，万分焦急，于是大胆向祖大寿请战。祖大寿不允，吴三桂便带着二十来个家丁，偷偷地溜出城去，准备无论如何也要把自己的父亲救出来。

出城之后，吴三桂提刀上马，亲自居中，左右各置家将一名，其余十八骑兵分作两翼，勇敢地冲入包围圈。八旗军队在突然之间见到二十余骑明军冲来，一时束手无策。吴三桂拈弓一箭，射中一名八旗军队的将领，那人立即从马上跌落下来。

这个时候的吴三桂心里面想，我要把他的首级割下来立功。于是从马上弯下腰去，不料那个将官忽然跳起，用短刀一下子就刺中了吴三桂的鼻梁。此时的吴三桂，哪里顾得上面部的鲜血呀！说时迟，那时快，手起刀落，将那个将官的首级砍了下来。接着，他与父亲吴襄兵合一处，将打一家，迅速率众突围。

这些八旗兵，当时错误地分析了形势。他们想，为什么明朝出来作战的部队只有这么少呢？对了，肯定是诱敌深入之计，我们可千万别上当。于是，吴三桂轻而易举地就率领着可怜巴巴的二十来个人，一举突出了重围，将其父救回到了城中。

根据《庭闻录·卷六》记载，吴三桂就是在这次战斗中，鼻子受到创伤而留下了轻微的疤痕。幸亏他受伤时很年轻，靠着旺盛的生命力，恢复得很快，疤痕还不那么显眼。也许他感到这是一个缺陷，每当与人谈话不投合时，就用手“自扪其鼻”，这已成了习惯，到了晚年，也未改变。据长期同他一起共事的人说，观察他的这个下意识的动作，“百不失一”。

我们回过头来再说吴三桂的舅父祖大寿。这个时候，吴三桂的舅父祖大寿亲自出城迎接，并替吴三桂申请擢升。吴三桂孤胆救父之事，一时传为佳话。吴三桂也因为这份功劳被提升为游击将军。这时，他还不到20岁，这在当时可谓出类拔萃。

与此同时，吴三桂的义父高起潜得到三桂救父出围的消息，大喜，说：“真不愧是我的儿子啊！”关于高起潜这个人，我们后面还会说到，这里暂且从略。

这几乎是小说演义中才会有的一战，既奠定了吴三桂军旅生涯的起点，也造就了他“孝闻九边，勇冠三军”的传奇名声，以至战后他的“忠孝之名，夷夏震慑，即四王子亦曰：‘好汉子！吾家若得此人，何忧天下！’”《吴三桂纪略》中所说的四王子，就是大清皇帝皇太极。

一时之间，几乎大明朝的每一寸土地上，都传扬着“聪俊绝人”“纯忠极孝”“夷夏震慑”“孝闻九边，勇冠三军”的吴三桂孤胆救父的英雄事迹。

有胜也有败

吴三桂成了重要将领，得到了皇帝的信任，对于一般人来说，在这个时候，都会为皇帝鞠躬尽瘁，死而后已。但是，我们也知道，在战场上，胜负乃兵家常事，吴三桂也不例外。也就是说，在战场上，吴三桂同样是既有胜利的欢乐，也有失败的痛苦。更为重要的是，这种痛苦与欢乐往往是接踵而至。

让他第一次尝到这种双重滋味是在大凌河之战前后。

（一）大凌河之战：吴襄、吴三桂父子阵前逃跑，祖大寿率军投降

大凌河，今辽宁凌海市，是内地通往东北的交通要冲。1631 年 9 月，皇太极发动了攻取大凌河之战，他以数万军队迅速包围了大凌河城，祖大寿率城内三万军民固守。皇太极采取围而不攻的战术，掘壕筑墙，四面以重兵把城围住，断其饷道；又于城西另驻一军，专截锦州方面的援兵，企图经过一段时间的围困，城内粮尽援绝，逼使祖大寿献城投降。

明朝识破后金的作战意图，不能坐视不救。辽东巡抚丘禾嘉督率总兵官吴襄等合兵四万余赴援。行至离松山（今辽宁凌海市松山镇）30 里左右

的地方，与后金兵遭遇，双方展开大战，互有杀伤，明援兵撤回。

同年10月，皇太极亲率八旗骑兵，分作两翼，直冲明兵大营。吴三桂随父吴襄等未经接战，先自逃奔。后金兵趁势从后面追赶，疾追三四十里才收兵，吴三桂随父吴襄及其部属早已逃脱。结果前面已经讲过了，大凌河城城中粮尽，祖大寿率军投降。吴襄被削职为民，吴三桂免于处分。

（二）关宁援山东之役：吴襄、吴三桂父子平叛立功

吴襄被削职，并没有给家庭带来根本影响。因为朝廷还允许他在军队中继续供职。就在吴襄被削职的时候，山东爆发了以孔有德为首的兵变。

孔有德原任山东登州参将，后金兵围大凌河城时，受登莱巡抚的派遣，率八百骑兵出关赴援。行至河北吴桥的时候，孔有德率军哗变。他们宣布起义叛明，率军回师山东，迅速占领了登州（今山东蓬莱），自称“都元帅”，属下李九成为“副元帅”、耿仲明等为总兵官。

孔有德起兵的山东地区近临京师，朝廷急令直隶诸镇兵马会剿，但是官军连遭败迹，朝廷一时手足无措。在这万分危急的情况之下，1632年，崇祯皇帝命令高起潜督率副将祖大弼、总兵官金国奇等携数万兵马前往山东镇压。崇祯皇帝给了吴襄一次立功赎罪的机会，特许以“戴罪立功”的总兵官身份随军出征。吴三桂以游击将军跟随父亲与舅父祖大弼参加平叛。

辽兵不愧为一支劲旅。辽兵与孔有德部战于沙河（今山东莱州），然后迅速将登州城包围起来。1633年元旦及第二天，孔有德两次组织突围失败，李九成也中弹阵亡。祖大弼与吴襄指挥明军严密围困，欲把他们困死于城中。

根据《庭闻录》记载，从明方的战报中看，吴襄作战勇敢，往来冲杀，表现出色。关宁监军太监高起潜为他提请，朝廷当即恢复其原总兵官

职务。

十天后，孔有德被迫从海上突围，投奔后金。关宁援山东之役就此结束。

吴襄在这次战役中勇敢作战，所以，他不但恢复了原职，还被授为都督同知，荫一子锦衣百户世袭。吴三桂在上百员战将中，是资望最浅、年龄最小的一个，但是他的这次军事实践，为他以后的提升奠定了基础。

（三）吴三桂的迅速升迁

此后的吴三桂越战越勇，官职也是越来越大。

1635 年，23 岁的吴三桂擢升至前锋右营副将。1639 年，27 岁的吴三桂又由太监高起潜推荐而任团练总兵，驻守宁远。

总兵官独当一面，吴三桂在短短的几年时间里，由游击将军升为参将，再升副将，又升总兵官，由一个普通的中下级军官升至高级军职，成为明朝政府镇守辽东的一员重要将领。与他同时代的将领相比，可谓独步青云。

吴三桂升职记

吴三桂为什么会在短短的时间内迅速升迁呢？究其原因，我认为，这主要得益于以下四个方面：

（一）志向远大

历史上记载，吴三桂从少年时期起，就有远大的志向。他绝不会把自己的一生白白放过，他要居大名，享大位，得到天下最美的女人。他还要封妻荫子，光宗耀祖。

他在读《后汉书·卷十·皇后纪·光烈阴皇后纪》的时候，不觉掷书长叹："仕宦当作执金吾，娶妻当得阴丽华，余亦遂此愿足矣！"

这里的"执金吾"，原本在中国的秦汉时期是率禁兵保卫京城和宫城的官员名称。本来在秦朝的时候叫作中尉官，到了西汉武帝的时候改称执金吾。汉朝的时候，执金吾与九卿平级，统领首都南北两军中的北军，大概相当于现在的北京卫戍部队司令员。

为什么把中尉改叫执金吾呢？唐代著名历史学家杜佑的《通典·职官·封爵》里面，引用隋唐时期著名的训诂学家颜师古的话说，"金吾，鸟名也，主辟不祥。天子出，职主先导，以御非常，故执此鸟之象，因以名官"。

阴丽华，刘秀的结发妻子，后被刘秀立为皇后。相传阴丽华为管仲之后，出生于南阳新野，是当地有名的美人。年轻的刘秀对阴丽华一见钟情，可是那个时候的刘秀还没有任何资本，阴丽华也不肯嫁给他。于是刘秀就跑去长安游学，结果看到执金吾的样子很神气，就感叹地说"仕宦当作执金吾，娶妻当得阴丽华"。后来，刘秀果然娶了阴丽华为妻，还立了他与阴丽华之子为皇位继承人，即东汉的第二位皇帝汉明帝。

其实，"仕宦当作执金吾，娶妻当得阴丽华"，也是当时很多人的追求。但是能否让这光荣与梦想成为现实，可不是说说就能够成功的事情，还需要不断地努力。

（二）本领高强

这里的自身本领高强，实际上包括以下很多方面的含义：

第一，轻财好士。吴三桂继承了其父的优良传统，年纪轻轻的他在关外上层人物的圈子里一直有着"轻财好士"的美誉。

第二，待人和蔼。吴三桂这个人虽然年纪不大，又是名门之后，可在他身上见不到一点儿纨绔之气，他与任何人交往都是和颜悦色、彬彬有礼，从无疾言遽色。尤其是在与那些地位较低的人相处的时候，他也是同样的和蔼可亲，一脸坦诚，让人大有受宠若惊之感。

第三，沉稳镇定。不论什么场合，他都能镇定自若，在战场上，他表现出的勇气和沉着使他赢得了所有军人的尊重；而在社交场合，他的沉稳风度使他能够迅速成为人群的中心。

第四，观察力强。吴三桂这个人，观察力极强。他特别善于观察当时社会上的人和事，特别善于感知别人的情绪反应。因此，他具备了由此而带来的极强的社会协调性。

第五，文武双全。俗话说得好，“将门出虎子”，这话不假。吴三桂从小生在军旅之家，不但从小练就了一身的好功夫，而且还从小阅读了大量军事方面的书籍，这就为他日后的不断升迁打下了良好的基础。

综上所述，吴三桂这个人城府极深，精明机敏，和同龄人相比，他显得成熟许多。在很多场合，他都能够做到游刃有余，能够成为很多人的朋友。

（三）家族支持

在实际生活中，我们经常能够看到下面的情况：在同等条件下，如果两个人都干出了一番同等业绩的话；那么，一般来说，升迁的都应该是那个名门之后。

也正是因为如此，得到了父亲吴襄和舅父祖大寿全力扶持的吴三桂，也就能够迅速地得到驻守辽东的明朝高级官员的赏识。

根据《清太宗实录》记载，他的父亲、舅父和表哥们经常在自己的上级面前，或揄扬吴三桂才华“聪俊绝人”，将来必定“大成”；或称颂吴三桂品质“纯忠极孝”；或赞扬吴三桂战功“夷夏震慑”。正是在他们的赞扬下，吴三桂才逐渐得到了驻守辽东的明朝高级官员的赏识。

（四）善于攀附

借着自身的本领高强和家族的全力支持这股东风，吴三桂又竭尽全力地结识并结交高级军政人士。

吴三桂热衷于广泛交游。人有所长，他总是千方百计要与之结识；别人遇到困难，他经常主动慷慨解囊，毫不吝啬。对于那些身居高位于他的前途大有关碍的人物，他更是善于攀附，不显山不露水中就已赢得了他们的好感。

天启年间，高起潜代皇帝总监辽东兵马，初出茅庐的吴三桂就认这位位高权重的太监做了义父；大学士方一藻巡抚辽东以后，吴三桂很快和其子方光琛成了结拜兄弟；洪承畴经略辽东之后，他又和洪承畴的亲信幕僚谢四新结为至交。所以历任边关大吏无不对他宠眷有加，他不发迹，还有谁能发迹？

因此，吴三桂在这批人的扶植下，一路飙升。几年间，从一个普通的中下级军官升任团练总兵，成为明朝一位重要将领。

当上了军队高干

吴三桂升任总兵之后，首先抓了练兵。他依据洪承畴的部署，用了两年的时间，练成辽兵三万，成为一支很有战斗力的劲旅。

此外，吴三桂与其父吴襄一起，经过多年的苦心经营，还练成了一支吴家亲兵。这批亲兵有三千多人，由吴氏家丁家将组成，只听命于吴氏父

子。他们在经济上得到优厚的待遇，所以也特别能战斗，是吴氏父子的子弟兵，常常于关键的战斗中敢效死力。

但是，东北战局逐渐朝着有利于大清王朝的方向发展。面对着越来越恶劣的形势，吴三桂将会作何打算呢？

上一节，我们谈到1639年，年仅27岁的吴三桂升任总兵。但是，与此同时，东北战局逐渐朝着有利于大清王朝的方向发展。

宁锦之战是一个大明王朝与大清王朝双方在1640年到1642年，以争夺宁远、锦州为目的，由多次大小不等的战斗组成的大规模战役。在这次大规模战役的前期，吴三桂曾多次与清朝的八旗兵发生遭遇战，并且都取得了不错的战绩。

三年拉锯战

（一）夹马山遭遇战

1639年，吴三桂被提升为总兵。1640年7月6日，明兵与清兵在今辽宁凌海市杏山附近的夹马山发生了一场遭遇战。

我们综合了《清太宗实录》和中国第一历史档案馆藏的《明档》第16号卷分析，可以看到，事情的经过是这样的：

原来，在杏山西边的五里台居住的蒙古多罗特部民，共有三十家，六十余人。他们秘密约降清朝，请求清兵前来接应，保护他们免遭杏山、松山、锦州等处明兵的堵击。正巧皇太极亲往锦州一带巡视，当即指令济尔哈朗、阿达礼、多铎等一批骁将率护军1500人前去迎接这批蒙古人。

清兵于7月5日夜偷过锦州城，7月6日黎明，他们接到了投降的蒙古人。结果在他们急速回返的过程中被明兵发现。

驻防杏山的辽东分练总兵刘肇基闻警，即从所部5000人中抽调3000人马，从原驻守此城的明兵中调出300人，投入战斗。在离杏山北十余里的松山附近驻防的吴三桂得到警报，也立即出动3000人马，“长驱直过杏山”。锦州总兵祖大寿同游击将军戴明率马步兵700人赶来会战。明兵集结7000余人马，进逼清军。

关于此役清朝方面的兵力，清官方明确记载是1500人。但是根据吴三桂给明朝政府的报告，则是15000余人，是清官方所报清兵1500人的10倍。

我们再说济尔哈朗，他为引诱明朝的骑兵出战，把所部撤退到离城9里的夹马山，又迅速采取击其一点、不打其余的方针，全力包围吴三桂的部队。吴三桂拼命冲杀，“与贼血战”，在刘肇基的及时援救之下，突出重围。双方均不敢恋战，各自班师回营。此役明兵与清兵的损失大致相当。

8月2日，皇太极从沈阳发来一万兵马增援；4日、5日又“发披甲兵”，可见清兵为迎护蒙古多罗特部民付出了非常大的代价。

（二）奇袭清兵镶蓝旗营地

与此同时，皇太极正在积极谋划攻取锦州。此前皇太极已经派遣济尔哈朗与多铎率部进驻锦州北 90 里的义州（今辽宁义县），作为清兵进取锦州的战略基地。同时不断向锦州地区出击，袭扰明军宁远、锦州驻兵。锦州地区的形势日益紧张。

在这种情况下，辽东新任巡抚丘民仰会同吴三桂、祖大寿、刘肇基等共同谋划战守之策。蓟辽总督洪承畴提出：采取多种作战方式，守战兼顾。

在这一方针指导下，明兵开始对清兵主动出击，展开各种形式的进攻。1640 年 8 月 24 日夜，吴三桂指挥五百马步兵自松山奇袭锦州附近的清兵镶蓝旗营地。清兵仓皇出营接战，双方在黑暗中展开混战。吴三桂的意图，是对清兵进行骚扰。当大批清兵出动时，便急速引兵撤退。清将不知明兵究竟有多少，害怕误中埋伏，不敢追赶。旋即被迫移营。

（三）五道岭伏击战

8 月 26 日，蓟辽总督洪承畴会同吴三桂等共同组织了一次对清兵的新的进攻。明军出动马步兵四万余人进至离杏山城（今辽宁凌海市杏山）约十里地方埋伏起来。

8 月 27 日晨，吴三桂率领副将以下将官五十余员，士兵四五千人，“齐出杏山城，整列队伍”，令骑兵居前，便于冲击；步兵火器居后，以备堵击。这时，担任侦察的先头部队报告，清兵两万余骑兵从汤河了向西南奔来。吴三桂闻讯，立即亲自率领骑兵飞驰至五道岭，与先埋伏在那里的明兵会合，准备迎击。

这支由多尔衮、豪格等统领的清兵发现明兵之后，便向五道岭疾驰，直抵张官屯，蜂拥般向明兵冲来。

吴三桂一声令下，以逸待劳的明兵呐喊着冲上去，“跃马冲砍”，兵士皆“胆勇倍奋，士气益鼓”，又有炮火轰击，清兵死伤甚多。吴三桂军为争得功劳，纷纷下马割取死伤清兵的首级。吴三桂发现山头还有大量清骑

兵“密布”，料定是接应前军的，他唯恐部属忙于割取首级误事，下令：不许下马，只以“恶砍”为功。最后，清兵向北遁逃。此役明将士阵亡 11 人，受伤的有 65 人，被射死的马 56 匹。关于清兵伤亡多少，没有记载。经此打击，清兵失利，退守义州。

（四）安全运粮到锦州

1641 年前后的大明王朝，在关外仅剩八城：锦州、宁远、松山、杏山、塔山、中前、中后、前屯。而锦州已被皇太极包围了。

根据中国第一历史档案馆藏的《明档》87 号卷记载，1641 年年初，明将官担心锦州被围，一旦缺粮，就无法坚守下去。运粮比增兵更为紧急。可是，负责运粮的各官“惊心奴儆”，不敢往锦、松、杏前锋三城运送，致使宁远西各城储粮猛增至一万石，前锋锦州、松山、杏山三城各仓只存米二千石。

蓟辽总督洪承畴与辽东巡抚丘民仰、吴三桂等再三商酌，决定冒险向锦、松、杏三城运米，“以实根本”。正好赶上春节，他们便“以新年过节，出其不意”将粮运去。此项任务交由吴三桂完成。正月初二、初三两天（1641 年 2 月 11 日、12 日），吴三桂以牛骡驴车三千四百辆，装米一万五千石。初六（1641 年 2 月 15 日），吴三桂亲自“督运米车”出发。此计果然躲过清兵的监视，于次日中午顺利到达锦州。当即卸车，至当天晚上二更时分全部卸完。初八（1641 年 2 月 17 日），空车又安全地返回宁远。此次运米，往返“并未遇警，绝无疏失”。

（五）松山大战仓皇逃跑的吴三桂

为解锦州之围，明朝政府以洪承畴为主帅，率师十三万，自宁远北上驰援锦州。清军主帅皇太极得知此事后，迅速调动兵力，围城打援，将援锦明军包围于松山。为了解除被动局面，洪承畴决定孤注一掷，率军突围。但是军事会议刚散，作为洪承畴所一向器重的将领，吴三桂便违反决定和大同总兵王朴率部提前遁逃。慌忙之间，竟连印信也被清军所缴获。受吴三桂、王朴的影响，其他四个总兵也各自夺路逃跑，致使清军乘势追杀，明军损失惨重。

松山一战，明军全军覆没，五万多人马被歼，松山、杏山、塔山、锦州四城失陷，统帅洪承畴于松山城破后被俘，名将祖大寿降清，明朝经营数十年的宁锦防线土崩瓦解。从此，明朝再没有能力抵抗清兵，只剩下一口残存的气息维持生存。

问题在于，在松山战役中，一向作战勇猛的吴三桂为什么居然置其恩师洪承畴于不顾，尾随王朴仓皇逃跑呢？

其实，吴三桂知道“胜败乃兵家常事”这个道理，也知道“留得青山在，不怕没柴烧”这句俗语。因此，面对战场上瞬息万变的形势，作为前线指挥员的吴三桂认为，只要不是最后的决战，及时放弃未必不是最好的抉择。

也正是因为如此，吴三桂逃至宁远后，积极收留残兵败将。前后仅仅半年多的时间，他便重新集聚了三万多人马，继续坚守在宁远孤城。这个时候，在东北地区，明朝的崇祯皇帝，除了吴三桂，已无兵将可用。

（六）拒绝降清的吴三桂

这个时候，清朝的皇帝对吴三桂发动了强大的政治攻势，劝其投降。吴三桂的舅父祖大寿，哥哥吴三凤，姨父裴国珍，表兄胡弘先，挚友张存仁、邓长春等人降清后都写信劝吴三桂降清。

1642 年 4 月，清朝的皇帝皇太极直接给吴三桂写了亲笔信。10 月，清太宗又写信，劝吴三桂早降。吴三桂面对这种形势，却拒不降清。

1643年，皇太极去世后仅一个月，济尔哈朗和阿济格便率大军迅速占领了宁远以西至山海关的中后所、中前所、前屯卫三城。这三城的失陷使宁远成为真正的孤城！此时，宁远守城军民人心惶惶。但是吴三桂仍然拒不投降。

可是，就是这样一个大英雄吴三桂，为什么会在1644年大明、大顺、大清三个政权角逐的关键时刻，却又选择投降了呢？

（七）吴三桂拒绝降清的原因分析

根据我的分析，吴三桂拒不降清主要有以下两个方面的原因：

第一，传统的忠君思想。

在明代，名节非常重要，儒家的教育尤以忠君为先。在明代高级将吏中除非被俘或走投无路者，否则极少有自动降清者。吴三桂自幼受儒学教育，不乏忠君思想。尤其是作为汉人，投降少数民族的清朝，在当时士大夫官吏中，一般是很难接受的。非万不得已，是不愿失去名节的。这是他当时拒不降清的第一个理由。

第二，浓厚的报恩思想。

吴三桂父子相继任职总兵，而且经常临阵脱逃，吴三桂的许多亲属降清，皇帝不但一直没有怪罪吴三桂，而且还对他信任有加，他的官也是越做越大。这是他当时拒不降清的第二个理由。

三封“邀请函”

1644年，是中国传统的农历甲申年。甲申年，是中国历史上值得大书特书的一年！这一年，大明、大清、大顺三方，竞相向吴三桂发出“邀请函”。

大明，建立于1368年，其建立者是朱元璋，到现在已经存在275年了——可以说，这个政权到了行将灭亡的前夕了。

（一）大明王朝的危险

大明王朝的危险来自以下两个方面：

第一，政权的内部。

由于大明王朝的统治集团不思进取，鱼肉人民，最终引起了规模庞大的农民起义。规模最大的是李自成、张献忠的两支军队。尤其是李自成的部队，他们在1643年年底占领了西安，并且在1644年正月初一改西安为西京，正式在西京称帝，国号“大顺”，年号“永昌”。大顺政权在这一年的正月初八，正式由李自成亲自率领百万大军，分两批东渡黄河，向明朝的首都北京进发——他们准备一举拿下北京，夺取全国政权。

第二，政权的外部。

在东北地区，1616年，满洲人的前身女真人建立了大金政权——历史上称为“后金”。1635年，皇太极改“诸申（女真）”为“满洲”，改“大金”为“大清”。这个政权坐山观虎斗，看着大明与大顺两政权之间鹬蚌相争，就等着渔翁得利了。

（二）吴三桂接到大明王朝的“邀请函”

在这个最为关键的时刻，负责替大明王朝守卫孤城宁远的吴三桂几乎同时接到了大明、大清、大顺三方的“邀请函”。

我们先看大明方面：

这个时候，大明王朝的崇祯皇帝在无可奈何的情况下，于正月初将已闲居在家的吴襄召进京，命他提督御营。这显然是因为吴三桂手握重兵，为了拉拢吴三桂，不得不重用吴三桂之父。接着，崇祯皇帝又想把吴三桂这支生力军调进关来，对付农民军。因此，他亲自召见吴襄。吴襄慷慨陈词，说农民军不是吴三桂的对手。崇祯皇帝欲调吴三桂，又害怕落得个丢弃宁远的罪名，一直下不了决心。众大臣互相推诿，谁也不愿对此事负责。

1644 年 4 月 7 日，农民军已进至宣府城，离北京只有二三百公里了。

这时，崇祯皇帝才作出了弃宁远，诏吴三桂、王永吉、唐通、刘泽清四将入京勤王的决定。四将均封伯，吴三桂被封为平西伯。

这时，山东总兵刘泽清托词坠马伤脚，拒不奉诏；吴三桂与蓟辽总督王永吉路远，一时间还到不了北京；只有蓟镇总兵唐通带了八千人马先到北京。

崇祯皇帝封唐通为定西伯，命他把守居庸关。不想，唐通却投降了农民军，居庸关不攻自破，农民军直趋北京。

这个时候，33 岁的吴三桂受封为伯，他的高兴之情是不言而喻的。受命平西，当然是让他与农民军作战，只要能脱离宁远这座危城，他也是迫不及待的。

吴三桂有精兵四万，加上辽民数十万。他于 4 月 12 日受命，16 日便率军民抛弃宁远，向山海关进发。值得庆幸的是，清兵直到 4 月 22 日才得到吴三桂撤离的消息，而这时，吴三桂已带领兵众到达了山海关。

吴部到达山海关的时候，李自成军已攻至北京郊外，各种消息传到了吴三桂的耳中。他有些犹豫，但君命难违，吴三桂还是领兵向北京进发，4 月 26 日到达丰润。在这里，他打败了投降李自成军的原明降将白广恩、唐通，并收降了八千余人。但是北京已于 4 月 25 日被农民军攻破，明王朝灭亡了，崇祯皇帝吊死于煤山寿皇亭下。

（三）吴三桂接到大顺政权的“邀请函”

下面我们再来看看大顺方面：

其实，这个时候的李自成也知道，吴三桂及其所属的军队是当时一支非常重要的力量，他的去向在某种程度上决定了哪一方能操纵中国政权。

因此，李自成进北京后，马上听取了手下的建议，在进驻北京的第三天，就从狱中放出吴三桂的好朋友、原明朝的职方郎中张若麒，让张若麒担任山海关防御使，前往山海关从事劝降吴三桂的工作。

李自成为了迅速促成吴三桂投降，采取了多项措施：

第一，派人两次前往山海关，赏辽兵白银四万两，赏吴三桂白银万两、黄金千两、锦千段，并封吴三桂为侯；

第二，命吴襄在北京写信给吴三桂，劝其归顺李自成的大顺政权；

第三，派专使巡抚李甲和兵备道陈乙面见吴三桂，许以封侯之位。

（四）1644 年 4 月的中国

当时的形势是这样的：

大明方面：北京已于 4 月 25 日被农民军攻破，明朝灭亡。明朝的皇帝崇祯吊死于煤山寿皇亭下。

大顺方面：李自成占领了北京城，原来明朝的许多将官已归顺了大顺政权。另外，李自成为了招降吴三桂，给了他很多好处。还有一点也需要说明，吴三桂的父亲和其他家人都在李自成的掌控之下。

大清方面：前面，我们曾经多次提起过，早在 1641—1642 年的时候，大清王朝曾经多次派人招降吴三桂，而且在 1642 年的时候，皇太极居然还亲自写信劝降吴三桂——可见，皇太极对吴三桂的重视程度。但是，到了 1644 年的时候，这个清朝的摄政王多尔衮却没有了响动。真是不知道，多尔衮这个葫芦里面卖的什么药。

在这个最为关键的时刻，吴三桂会如何打算呢？为什么会作出这样的抉择呢？

投降做“农民”

（一）吴三桂决意归顺大顺政权

对吴三桂来说，在这个进退维谷的困难时刻，他应该怎么办呢？彭孙贻的《流寇志》里面作了如下的记载：

有客平西（平西，指平西王吴三桂）幕者云，世传吴襄作书招平西，平西告绝于父，起兵勤王，非也。都城既陷，三桂屯山海，自成遣使招三桂。三桂秘之，大集将士。告之曰：“都城失守，先帝宾天，三桂受国恩，宜以死报国，然非藉将士力，不能以破敌，今将若之何？”将士皆默然。三问不敢应。三桂曰：“闯王势大，唐通、姜瓖皆降，我孤军不能自立。今闯王使至，其斩之乎，抑迎之乎？”诸将同声应曰：“今日死生唯将军命。”三桂乃报使于自成，卷甲入朝。

由上述材料，我们可以看出，吴三桂在开始的时候是打算以死报国的，但是他的属下经过他的三次问讯，结果全军将士“三问不敢应”！也就是说，在这个时候，吴三桂已经不能领导他的军队——他失去了对自己军队的有效控制。在这种情况下，吴三桂提出，投降是大势所趋。咱们是否也走投降这条路呢？结果，全军将士同声回答说，“今日死生唯将军命”。吴三桂于是决定归顺大顺政权。

从上述材料，我们还可以看出，吴三桂对于是否归顺大顺政权，是曾经存在过犹豫心理的。但是，他从全军将士的由“三问不敢应”到“今日死生唯将军命”的情绪变化中，最终确定了归顺大顺政权的决定，并且立即付诸行动。

这个时候的吴三桂，为什么宁可归顺大顺政权也不归顺大清王朝呢？

（二）吴三桂归顺大顺政权原因分析

其实，在他的心里应该一直有以下两种想法：

第一，“华夷之辩”。

我们说，吴三桂长期以来，一直接受的是中国传统的儒家思想，一直把汉族人以外的一切少数民族看成“夷蛮戎狄”，认为“夷蛮戎狄”是没有资格统一中国的。

因此，他一直认为，可以归顺大顺政权，但绝不可以投降满洲人的所谓的“大清王朝”。因为，李自成好歹也是汉人——这是吴三桂的想法——其实，我们知道，李自成实际上是党项羌人的后裔——也不是汉人。

第二，形势所迫。

此前的许多年，吴三桂一直站在大明王朝与大清王朝对峙的最前线。现在，大明王朝完蛋了。在他的前面，有他的死对头大清王朝；在他的后面，有他所不了解但是迅速占领了中国大部分领土、现在正在极力招降他的大顺政权。

更何况，大顺政权还决定，赏辽兵白银四万两，赏吴三桂白银万两、黄金千两、锦千段，现在这些东西正在送往山海关前线的路上。不仅如此，大顺政权还封吴三桂为侯呢！

由上所述，他怎么能够在这个时候突然作出投降自己宿敌的决定呢！

因此，对于现在的吴三桂来说，他只能选择宁可归顺大顺政权也不归顺大清王朝。

吴三桂既然决定了投降，剩下的就是他的具体行动了。

一个女人引发的叛局

（一）决意背叛大顺政权

1644年4月29日，吴三桂正式决定归顺李自成的大顺政权，并且亲自率部进京朝见新的主人。1644年5月3日，吴三桂的军队抵达永平（今河北卢龙县）西沙河驿站。

但是，就在这个时候，吴三桂却又突然背叛了李自成。不久之后，正式投降了大清朝。这一切，都是为什么呢？

（二）背叛大顺政权始末

关于吴三桂背叛大顺政权的始末，一般而言，我们都相信《庭闻录》和《小腆纪年附考》里面的记载是真实的：

在西沙河驿站，吴三桂相继见到了逃出京的家人以及父亲派出的亲信傅海山，他们向吴三桂叙说了父亲吴襄以及其爱妾的情况。开始听到父亲吴襄被捕时，吴三桂并不在意，以为这是李自成为迫其投降所采取的措施，他一投降，父亲必被释放。当听到父亲被拷打将死，交了五千两银子还不顶用时，吴三桂的头发便不禁竖了起来。及至听到爱妾陈圆圆被李自成手下大将刘宗敏抢走时，吴三桂十分愤怒，他说："大丈夫不能保一女子，何面见人耶？"他马上下令，停止前进，掉头返回山海关，并一反常吴三桂「冲冠一怒为红颜」马上下令，掉头返回山海关，并纵兵掠夺，直接率兵杀回山海关。

纪连海语录

如果我们说，吴三桂当年的行为是因为父亲被严刑拷打的话，吴三桂那就是个值得歌颂的人物——毕竟吴三桂对于父母还是比较孝顺的嘛！如果我们说，吴三桂当年的行为是『冲冠一怒为红颜』的话，那还不让人笑掉大牙？

态，纵兵掠夺，直接率兵杀回山海关。

这就是人尽皆知的“冲冠一怒为红颜”了。

吴三桂是不是“冲冠一怒为红颜”，我们后面自然要考证这个问题。现在的问题是我们必须要回答另一个问题：陈圆圆到底是什么人？她到底有多大的才能吸引了吴三桂？

当红女演员陈圆圆

（一）良家妇女陈圆圆

说起来，陈圆圆原来并不是歌伎。

陈圆圆，江苏武进县金牛里（今奔牛镇）人。她原本不姓陈，而姓邢，父亲叫邢三，住在苏州奔牛镇四亩曲。邢三是个贫苦的农民，以耕种为生。圆圆幼年丧母，邢三就把她送给姨母抚养，姨母的丈夫姓陈，因此圆圆就改姓为陈。

圆圆的养父是个小生意人。初时家境尚可，尤好听人唱歌，还不惜倾全部资财请善于唱歌的人到家里居住，有时竟请来数十位，日夜讴歌不止。因此陈圆圆从小便练就了一副好嗓子。后来，由于陈氏家道中落，18岁那年，本出身于良家的陈圆圆不得不卖身为伎，进了烟花场。

（二）走红歌伎陈圆圆

在明末江南，做不了出色的女演员也就成不了名妓，所以勾栏中人对串戏之类是很看重的。

陈圆圆从小读书识字、唱歌学戏，也能写得一手好词。为了学唱弋腔俗调，她还经常向民间老艺人请教。因此，清初康熙年间的文学家陆次云在他的《圆圆传》中，称其为“声甲天下之声，色甲天下之色”。

她18岁，在苏州登台演出，扮饰过《长生殿》的杨贵妃、《霸王别姬》的虞姬和《西厢记》的崔莺莺，一下子便成了走红的歌伎，声名大噪。

当时，陈圆圆也很想像其他的走红歌伎一样，借广泛交际的机会，结识一些社会名流，出籍从良。可是，通过谁才能达到这个目的呢？

（三）成为冒辟疆的心上人

明末社会，封建士大夫纷纷征歌逐伎，迷恋声色，追求浪漫的生活。冒辟疆也不例外。

冒辟疆，乃江南名士，与陈定生、侯方域、方以智，号称“江南四公子”，他们在政治上反对阉党，针砭时弊。但在生活上却和一些伎女日相唱和，流连风月。

1641年春，冒辟疆与陈圆圆初逢。少年倜傥的冒辟疆第一次见到陈圆圆就为其所迷。而陈圆圆也把自己完全托付给了冒辟疆。

1642年，冒辟疆本来定下时间去苏州接陈圆圆成亲，谁知家中出事耽搁了十天，待到苏州时，陈圆圆恰被国丈田宏遇在十天前以势逼去。

（四）落到了田宏遇的手里

田宏遇，陕西人，曾任扬州千总，女儿被崇祯选封为贵妃后，田宏遇官封左都督，在皇亲国戚中飞扬跋扈，不可一世。

1642年，他的女儿、崇祯皇帝的宠妃田妃死了，他担心自己的地位受到损害，于是田宏遇前往江南选送美女千人前往北京，陈圆圆就是其中之一。

而凑巧的是，崇祯皇帝此时正值国家内忧外患之时，无心女色，将田宏遇送来的这些女子一一退回，陈圆圆也是其中之一。陈圆圆回到田府之后，成为田宏遇歌伎。

（五）终于结识了吴三桂

1643年秋，农民大起义如火如荼，攻下了洛阳，京师为之震动。京中豪门权贵和富家巨室万分惶恐，害怕起义军一旦攻下北京，将无以自安。

而此时的田宏遇已经不是很受崇祯皇帝的宠信了。他必须为自己寻找下一步的退路，而正巧吴三桂此时正在京师。田宏遇觉得只有抓住了实力在握的吴三桂，才能保证全家人的安全。于是田宏遇就把陈圆圆送给了吴三桂。

问题在于，陈圆圆作为一个当红歌伎，她与吴三桂到底能有多么深厚的感情呢？难道促成吴三桂降而复叛大顺政权的原因，真的就是“冲冠一怒为红颜”吗？《庭闻录》和《小腆纪年附考》里面的记载到底是真是假，这就需要我们进行认真的考证了！

女人该不该背这个黑锅

（一）“冲冠一怒为红颜”考证

第一，有关“冲冠一怒为红颜”的史料出处。

我们知道，《庭闻录》和中华书局1957年版的徐鼒的《小腆纪年附考》这类著作出自清朝中晚期甚至更晚。它们出现的时间已经与吴三桂的降而复叛大顺政权、投降大清王朝相隔八九十年了。

那么，历史上，有没有比《庭闻录》和《小腆纪年附考》更早一些的著作，而且在这些著作里面也同样记载着吴三桂“冲冠一怒为红颜”的史实呢？

第二，更早一些的史料记载似乎否定了“冲冠一怒为红颜”的说法。

更早一些记载吴三桂事情的书籍有很多，但是，这些书籍里面都没有关于吴三桂“冲冠一怒为红颜”的史实记载。

其中涉及吴三桂和陈圆圆关系的书籍主要是《明季北略》一书。《明季北略》这本书成于清康熙十年（1670年），此时吴三桂尚未叛清。在这本书中记载着下面的话：

自成入京，刘宗敏系吴襄，索沅（沅，指陈圆圆）不得，拷掠酷甚。三桂闻之，益募兵七千。三月二十七日，将自成守边兵二万尽行砍杀，止余三十二人，贼将负重伤逃归，三桂遂居山海关。

这本书中，说的是刘宗敏没得到陈圆圆，对吴襄严刑拷打，是吴三桂与李自成反目的原因。

也就是说，按照《明季北略》一书的说法，“冲冠一怒为红颜”是假的。真实的情况是吴三桂的父亲吴襄被严刑拷打。

这里，我们就涉及一个问题，促成吴三桂降而复叛大顺政权的原因到底是什么？难道，就仅仅是因为吴三桂的父亲吴襄这么简单吗？

支持促成吴三桂降而复叛大顺政权的原因，是吴三桂的父亲吴襄被严刑拷打这一论点的论据还有很多。

例如，《流寇志》记载：

（吴三桂）至永平，遇父襄苍头与一姬连骑东奔，惊问之，而襄姬与苍头通，乘乱窃而逃，诡对三桂曰：“老将军被收，一门皆为虏，独与姬得脱，东归报将军，将军速为计。”三桂乃翻然走山海，拥兵自守，使人乞师，共击贼也。

又如，中华书局1959年版的赵士锦《甲申纪事·附录》的记载：

三桂差人进北京打探老总兵、圣上消息。有闯贼在北京捉拿勋戚文武大臣，拷打要银，将吴总兵父吴襄拷打要银，止凑银五千两，已交入。吴襄打发旗鼓傅海山，将京中一应大事，一一诉禀，吴老总兵已受闯贼刑法将死。吴总兵闻之，不胜发竖，言君父之仇，必以死报。

（二）吴三桂背叛大顺政权的原因分析

戏剧性的是，几乎就在吴三桂得知其父被拷问的同时；李自成也注意到了吴三桂对巩固自己政权的重要性，指示刘宗敏释放吴襄并命吴襄写信，劝告吴三桂投降。同时，又派出了降将唐通，降官王则尧、张若麒、左懋泰等人携带吴襄手书和大批银两直接来到吴三桂的军中，进一步劝其投降。从时间上来说，这批招降人员到达吴三桂军中的时间，仅比吴襄致吴三桂的私函晚到一两日（在5月5日左右），而两封信的内容却截然相反，这不能不使吴三桂认为李自成的招降不过是骗局，是想引诱自己进驻北京后再行消灭。

吴三桂长期守卫边关，和大顺政权没有什么接触。他既然决定要投降大顺政权，就肯定会派人进北京了解情况。了解的结果居然是大批官员被拷掠追赃，连自己的父亲也被拷打到快要死了的地步；这证明投靠大顺政权根本不可能保护自己的个人利益，前往北京城无疑是自投罗网。吴三桂和许多部下在关外都是有很多财产的大地主，现在他们的主帅吴三桂连自己的父亲性命和家产都保不住，就更谈不上保护他们在关外的土地财产了。所以吴三桂振臂一呼，群起响应。

因此，我们说，促成吴三桂降而复叛大顺政权的原因是很复杂的。其中，最为主要的是大顺政权的革命措施触犯了吴三桂等地主阶级的利益。

（三）“冲冠一怒为红颜”的史料价值

新的问题又出现了，难道“冲冠一怒为红颜”这件事情就真的完全不可信吗？

应该说，上述两种不同的材料里面的记载，哪一种更加接近历史的真实性呢？根据现在的情况，我们还不能作出准确的考证。

因为，在吴三桂背叛大明王朝之前，吴三桂还是大明王朝的重臣，而且还与当时的皇帝家族是儿女亲家。您想啊，吴三桂这样的人物，在当时来说，谁敢公然宣称说，他当年的行为是“冲冠一怒为红颜”呢？

如果说，吴三桂当年的行为是因为父亲被严刑拷打的话，那么吴三桂就是一个值得歌颂的人物——毕竟吴三桂对于父母还是比较孝顺的嘛！如果说，吴三桂当年的行为是“冲冠一怒为红颜”的话，那还不让人笑掉大牙？

不管怎么说，吴三桂还是背叛了大顺政权。但我们要知道，背叛大顺政权与归顺大清王朝是两个完全不同的概念。吴三桂又是如何归顺大清王朝的呢？

谍中谍

（一）与父亲决裂的吴三桂

1644 年 5 月 3 日，吴三桂在永平西沙河驿站决定，迅速杀回山海关。5 月 9 日，他的军队就从大顺军队的手中夺回了山海关。大顺政权的军队被杀得仅剩八骑逃还北京。

而这个时候吴三桂的兵力已达五万人之多，号称十五万。他在演武场阅兵誓师，将李自成的使节李甲斩首，陈乙割两耳后放回。同时，他还亲自给父亲吴襄写了回信，表明与李自成彻底决裂。在给他父亲的信中，说道："父既不能为忠臣，儿亦安能为孝子乎？儿与父诀，请自今日。"（《明季北略》）

吴三桂的这封信，明里是针对父亲，实则是针对大顺政权而写的。他直斥父亲隐忍偷生投降，对他训以非义，断然表示拒绝；并宣布自写信之日即与父亲断绝关系，即使李自成将父亲置于油锅里或菜板上，他也毫不动心，义无反顾。这封信不仅与父诀别，而且也是同农民军的彻底决裂。当然，这封信也有变相保护自己父亲的意思。

与此同时，吴三桂还下令收拢关外各地汉民迅速转移到山海关内各州县驻扎，准备抵抗大顺军队。这个时候的李自成，将会做出什么样的动作呢？

（二）后悔已晚的李自成

1644 年 5 月 11 日，李自成知道了他的使节被处死的消息；14 日，又看到了吴三桂给父亲吴襄的信。他感觉到了问题的严重性，非常震怒，责备刘宗敏误事误国。李自成甚至亲自将吴襄释放出狱，并设宴招待，以示笼络。

但一切都太晚了。李自成也知道，只有自己领兵讨伐吴三桂这一条路了。

5月18日，李自成率马步兵十万，带领刘宗敏、李过等一班大将，亲领精兵七千，出正阳门，向山海关进发。他将崇祯帝的三个儿子，太子朱慈烺、永王、定王带在军中，盼望吴三桂还眷恋故主之情；他将吴三桂的父亲吴襄也押在军中，希望吴三桂还顾虑父子之念。

山海关距北京仅350公里，农民军却按常规走了九天！李自成一边亲率大军来征讨，一边却仍对吴三桂抱有幻想，希望吴三桂不战而降，他在行军路上几次写信向吴三桂劝降。吴三桂为了迷惑李自成，派了手下六个将领前往大顺军诈降。李自成虽对六将心存戒备，但仍对吴三桂有侥幸心理。

5月26日，李自成率领大军抵达山海关。吴三桂知道自己打不过李自成，他会作出什么样的抉择呢？

（三）借兵不成的吴三桂

这个时候吴三桂的心里很清楚，自己既然已经与大顺政权决裂，就必须考虑后路问题。他也非常清楚，就凭自己手上的五万人马，绝对不是大顺政权的对手。

但是，这个时候的他也知道，绝不能作出降清的抉择。您想啊，投降与之交战了十数年的清廷，与他作为明朝忠臣的初衷相违；投降异族也与他的思想观念格格不入啊！谁愿背上千古骂名呢？

因此，他决定，向大清王朝的摄政王多尔衮借兵。吴三桂命书吏起草了一封给清朝摄政王多尔衮的请兵信，信中说道：

> 乞念亡国孤臣忠义之言，速选精兵，直入中协、西协，三桂自率所部，合兵以抵都门，灭流寇于宫廷，示大义于中国，则我朝之报北朝者，岂惟财帛？将裂地以酬，不敢食言。(《清世祖实录》)

我们要注意的是，这是一封“借兵”的信，不是投降的信。为什么呢？

第一，写信的名义：吴三桂以“亡国孤臣”的名义，恳请清朝出兵，帮助他报君父之仇，以图明朝“中兴”，恢复其统治。无意降清的意思表达得很清楚。

第二，双方的称谓：吴三桂称清为“北朝”，与“我朝”“中国”相对应。泾渭分明，即使明朝已亡国，他仍属明朝，与清无涉，这又明确自己的立场不容混淆。

第三，清军进兵路线：一从“中协”即喜峰口、龙井口等处；一从“西协”即墙子岭、密云等处入口。这两条路线是清兵经年屡次入口征明的旧路，吴三桂却牢牢地控制着“东协”，即山海关与界岭口等重要关隘。从山海关至京师便捷，独当正面进兵。从西协、中协走，已属侧翼，要绕路，误时日。显然，吴三桂自为主，而把清兵置于“客兵”的地位。从吴三桂的这个安排，也看不出他与清为一家之意。另外，从这个安排来看，他还有鹬蚌相争，渔翁得利、坐山观虎斗的意思。实际上他想通过自己的安排达到大清与大顺两个政权火并，以此恢复大明江山的意图。

第四，酬劳：吴三桂郑重声明，“我朝”报答清兵“兴亡继绝”的扶助之功，不只给财物，还将“裂地”即割让领土酬谢。吴三桂俨然以明朝的代言人，许以优厚的条件，此与降清毫无共同之处。而一旦出现大清与大顺两个政权火并的局面，还哪里有什么酬劳啊。因此，这个所谓的“酬劳”实际上是假的。

由此，我们可以得知，这个时候我们还不能说，吴三桂已经降清。

但睿亲王多尔衮何许人也，他哪能那么容易就上当而答应吴三桂的请求呢？

这个时候的多尔衮已经亲自带领多铎、阿济格等一批猛将，倾其举国之力，于5月14日从沈阳誓师出发，参加逐鹿中原的战斗。5月19日，进军途中的多尔衮接到了吴三桂的信。多尔衮未敢轻易相信吴三桂，他决定：第一，派人到山海关探看虚实；第二，改变行军路线，以一日一夜行一百公里的速度直趋山海关；第三，调取攻城用的红衣大炮，发往山海关；第四，给吴三桂复信。信中说，“期必灭贼，出民水火。……今伯若率众来归，必封以故土，晋为藩王”。(《清世祖实录》)

多尔衮此信撇开吴三桂所提的具体条件而不论，而是向吴三桂昭示了大清出兵之本意，打出了“期必灭贼，出民水火”的旗号，从而与吴三桂提出的为君父“报仇”，与“流贼”不共戴天的呼吁取得了完全一致。但这封信的主旨，还在最后几句话，也就是劝吴三桂“来归”（投降），以裂土封王的最高奖赏诱其动心。

看来，吴三桂的“借兵”想法没能实现。他下一步将会作何打算呢？

（四）吴三桂最终归顺大清

这个时候的吴三桂心里面肯定特别不是滋味：前面是前来剿灭自己的大顺政权的二十万军队，后面是与之战斗十多年的十数万八旗精兵。

他已经与李自成决裂，而多尔衮又没有答应“借兵”的要求，反而提出了“来归”——也就是投降的条件。

这个时候的吴三桂又给多尔衮写了第二封信。信中说道：

三桂承王谕，即发精锐于山海以西要处，诱贼速来……以图相机剿灭，幸王速整虎旅，直入山海，首尾夹攻，逆贼可擒，京东西可传檄而定也。又仁义之师，首重民安，所发檄文最为严切，更祈令大军秋毫无犯，则民心服而财土亦得，何事不成哉！（《清世祖实录》）

从这封信中我们可以看到，这个时候的吴三桂已经有了“来归”的想法，证据有二：一是“三桂承王谕”；二是“何事不成哉”。但是，我们也可以看到，这个时候的吴三桂还在闪烁其词，自始至终没有明确说明他要“来归”。

就在这个时候，5月26日，李自成率领大军抵达山海关。山海关大战开始了。

双方大战一天，吴三桂损失惨重，但还是未见八旗精兵的影子。吴三桂亲自突围，面见多尔衮。

见到多尔衮之后，吴三桂提出了酬谢清朝的条件，“毋伤百姓，毋犯陵寝。访东宫及二王所在，立之南京，黄河为界，通南北好”。（《谀闻续笔》）

也就是说，一是寻找到崇祯的太子，在南京重建大明政权；二是双方以黄河为界，以北归清，以南归大明，两国通好，互不侵犯；三是请清兵入北京，不得侵犯明历朝皇帝陵寝，也不得伤害百姓。

多尔衮提出大顺政权的军队与吴三桂的军队装束甲仗相似，无法辨认，恐致误伤，令三桂与其将士剃发以相区别。吴三桂即行剃发。

5月28日，山海关大战以大顺政权和吴三桂两败俱伤、清朝坐收渔翁之利而宣告结束。

从此以后，吴三桂就归顺了大清王朝，为消灭南明和镇压农民军东征西讨。

（五）大清王朝的开国元勋吴三桂

攻打农民军的战斗进行得非常顺利。

多尔衮以顺治帝的名义封吴三桂为平西王，命吴三桂为先锋，调马步军一万给吴三桂，让他于 5 月 28 日领兵出发，追击李自成。李自成恨吴三桂不遵守协议，便在永平城西 10 公里的范家庄，将吴三桂之父吴襄斩首，用竹竿挑着首级示众。随后于 6 月 1 日在北京将吴三桂的继母祖氏、弟弟、妹妹及其族人 34 口一并处死。

1645 年 6 月，吴三桂攻下了榆林和延安。与此同时，李自成在湖北通山县九宫山下李家铺河滩被当地源口寨乡勇头目程九百等杀死。到 1662 年 6 月 11 日，吴三桂又在今云南昆明篦子坡内杀掉了南明的永历皇帝。

十几年间，吴三桂率部从西北打到西南边陲，为清朝确立对全国的统治建立了特殊的功勋。

为了答谢吴三桂消灭南明永历政权的功劳，顺治皇帝在 1659 年 4 月 14 日命吴三桂在昆明开藩设府，镇守云南。康熙皇帝于 1662 年 6 月 26 日决定，将吴三桂晋封为亲王。

这是很大的殊荣。清朝建国 200 年，将汉人封为亲王的，只有吴三桂以及后来的降将尚可喜，再无第三个汉人得到这一礼遇。1662 年 12 月，吴三桂又兼辖贵州。其子吴应熊娶了和硕公主，号称“和硕额驸”，加少保兼太子太保。从此，吴三桂博得了清政府的信任，并使自己攀上了一生中权势的顶峰。

就是这样一个大清王朝的开国元勋吴三桂，最后又为什么会走上与大清王朝为敌的道路呢？

就在吴三桂开藩设府，坐镇云南，权力和声势都达到顶峰的时候，他与清朝中央政府的矛盾却开始激化起来。而这些矛盾的激化，恰恰最后促成了吴三桂的降而复叛。

怎么又反了

（一）根本原因：中央与地方的矛盾——“天下之赋，三藩耗其二”

就大清王朝而言，他们之所以任用汉人吴三桂，是为了消灭大顺政权余部，是为了消灭南明王朝余部，是为了建立大清王朝对全国巩固的统治。

为了这个目的，大清王朝的几十万八旗兵和吴三桂等人的几十万绿营兵，经过十多年的时间，才将各地农民军余部和南明王朝余部武装逐一消灭。

但是，我们知道，战争实在是太能耗费钱财了！战争的花销，实际上是个无底洞。

当时，政府在财政上的压力实在是太大了。我们以康熙即位前一年举例说明。1660 年，清朝政府全年正赋收入银 875 万两，而云南一省支出就达 900 万两——竭尽全国之财力，尚不足一省之需求。到康熙皇帝即位以后，情况稍有好转，但也是“天下之赋，三藩耗其二”。因此，这个时候，政府财政上的压力的确很大。

这里的“三藩”实际上是指：平西王吴三桂，驻防云南，兼管贵州（对付南明永历政权）；平南王尚可喜（其子尚之信），驻防广东（对付张献忠余部）；靖南王耿仲明（其子耿继茂，其孙耿精忠）先驻防四川（对付张献忠余部），后改驻防福建（对付郑成功）。

如果财政支出不加以削减，很有可能造成全国的农民再度造反的情况。如果出现这样的情况，大清王朝很有可能被迫退回关外。

1662 年，随着郑成功的队伍收复了台湾，在大陆，大规模的对满清王朝的抵抗，实际上已经基本结束了——也就是说，大清王朝的外部环境已经安定下来了。1669 年，随着鳌拜集团的下台，大清王朝的内部环境也已经安定下来了。

至此，我们可以说，大清王朝进入了基本稳定的时期。国家下一步的任务就应该是以经济建设为中心了。因此，此时的大清王朝急需做到以下两点：

第一，在政治上实现对新占领地区的统治，加强中央集权，树立中央的权威；

第二，在军事上裁减军队，以减轻财政上的压力。

这样，政府必定会采取以下两方面措施：第一，由中央向地方——包括吴三桂实际统治的云贵地区——派出行政官员管理地方，以加强中央集权；第二，裁减在地方——包括吴三桂实际统治的云贵地区——的满洲八旗兵和汉人绿营兵。

大清王朝的这些措施，无疑是与当时整个社会都需要休养生息的要求相符合的。

也就是说，康熙皇帝“撤藩”的想法是很有道理的。但是，康熙皇帝“撤藩”的做法，我认为是错误的。

（二）直接原因：康熙皇帝错误的“撤藩”决定

“撤藩”，对大清王朝来说，这是十分正确的措施；对吴三桂来说，却完全不是一个好的消息。因此，在某种程度上，我们可以说，康熙皇帝“撤藩”的做法是错误的。我为什么这么说呢？

实际上，通过前面介绍吴三桂的两个问题我们必须看出：

第一，他的最大特点——他是个投机者，换句话说，他是个赌徒。正因为他是个投机者、是个赌徒，他才可以先背叛大明，再背叛大顺，当然还可以背叛大清。但是，我们要注意到这样一个事实，对于投机者或赌徒来说，促使他们出手的情况一定是下面两种情况中的一种：或者是形势一片大好，此时出手对自己非常有利；或者是背水一战，如果不倾其全力的话，自己必将灭亡。

也就是说，从吴三桂这个角度来说，他是不会轻易动手的。如果出现他动手的情况，或者他有必胜的把握，或者将给对手带来巨大的灾难。

第二，他一生经历的事情太多，他已经无所谓了，不需要顾及什么脸面问题了。我们说，不管他出于什么目的，毕竟他辛辛苦苦为大清王朝耗费了近三十年的心血。他认为，这个时候如此撤藩，对他来讲，实际上是不公平的。也就是说，撤藩是可以的，关键在撤藩之后如何安抚这些为打天下作出了巨大贡献的人，要先出台这些政策。如果你没有这样的政策的话，人家必然就会觉得你有卸磨杀驴、过河拆桥之嫌。

因此，这个时候的吴三桂，他可不想急流勇退。他需要享受长期征战、来之不易的胜利果实。他的属下更加需要享受这些胜利果实。

我们说，康熙皇帝的错误做法把吴三桂逼上了绝路。而被逼上了绝路的吴三桂绝对不会束手就擒。历时八年的“三藩之乱”开始了。

我们说，康熙皇帝“撤藩”的做法是错误的。前面，我们从吴三桂这个方面进行了分析。其实，不仅如此，如果从中国历代强盛王朝撤藩的历史来看，康熙皇帝此举，也是十分冒险的。如果康熙皇帝多读一些历史书，他就会发现，大清以前的历代强盛王朝，其实都存在着撤藩的问题。这些王朝面对强藩，主要的方法有两个：

第一，武力撤藩：一般来讲，会引起对手的反抗。反抗的结果，无外乎成功和失败两种：成功者，如明朝的燕王朱棣做了皇帝，失败者，如西汉的吴楚七国之乱被平定。但是武力撤藩，都会给国家带来重大的损失，给百姓带来巨大的灾难。

第二，和平撤藩：典型者，如北宋赵匡胤的杯酒释兵权。这是最好的抉择。

我的意思是说，如果康熙皇帝能够以史为鉴，认真吸纳历史的经验与教训，首先制订比较完整详细的撤藩计划和被撤藩的藩王的待遇安排等，历时八年的“三藩之乱”就可以避免。但历史不可假设。“三藩之乱”还是不可避免地发生了。

就在这个时候，大清王朝的另外一位汉人亲王尚可喜的撤藩申请加剧了双方矛盾的激化。

（三）导火线：平南王尚可喜急流勇退

1673年4月28日，平南王尚可喜接受了手下谋士的建议，决定急流勇退，回辽东养老。康熙皇帝早就对三藩盘踞的江南和西南地区心怀不满，一直准备寻找机会撤藩。这个时候，尚可喜自请撤藩，康熙皇帝真是求之不得，马上表示同意。尚可喜准备自己带领部分兵丁和家口回辽东老家，而让长子尚之信继承平南王的爵位，继续镇守广东。

尚可喜的撤藩申请给平西王吴三桂和靖南王耿精忠出了个难题。

同年8月14日，吴三桂怀着试探的态度，给康熙皇帝上了自请撤藩的奏疏；8月20日，耿精忠也怀着同样的态度，上了同样内容的奏疏。这个时候的康熙皇帝，会作出怎样的抉择呢？

（四）可供康熙皇帝选择的五种方案

面对三藩同时要求撤藩，康熙皇帝和大臣们也明知他们中有自愿或被迫的复杂情况，应当慎重地估量当时的客观形势和撤藩可能产生的后果，多设想几种方案以供选择，防患于未然，是完全必要的。归纳起来，可有五种方案选择：

第一种：恪守皇太极以来多次许下的诺言，要三藩永远镇守南疆，“屏藩王室”，永不撤藩，子子孙孙世袭王爵，与清朝相始终。当然，这在实际中是很难办到的。

第二种：将吴、耿、尚三王调到北京，以觐见为名，叙君臣之乐，借机把兵权收回。此法颇类宋朝开国皇帝太祖赵匡胤自编自导自演的“杯酒释兵权”。和平解决问题，逐除藩镇之祸，君臣相安无事。诚然，历史不能照搬，但它所提供的历史经验足以借鉴。我推崇第二种办法。

第三种：等待老一辈去世，留至第二代掌权时，再行撤藩。

第四种：区别对待，分期撤藩，各个击破。

第五种：三藩同撤，一次性解决。

当时，多数大臣们主张区别对待，分期撤藩，各个击破。应该说，这一方案是切实可行的。因为尚可喜主动提出撤藩，确是出于诚意，吴、耿要求撤藩实非己愿。针对这种情况，需要冷静、慎重地制定一项稳妥的政策。那么，康熙皇帝就可以有两种选择：一是先撤尚，暂缓撤吴、耿；二是撤吴、耿，不撤尚。这些都可以达到分散力量，各个击破的目的。

但是，康熙皇帝采取了最后一种方案，即三藩同撤，一次性解决。他说，"撤亦反，不撤亦反。不若及今先发，犹可制也"（《清史稿·吴三桂传》）。于是力排众议，毅然决定允其撤藩，还派专使至滇，雷厉风行地清理撤藩事宜。

吴三桂原先还想朝廷会拒绝他的撤藩请求，不料康熙皇帝同意了，这是他始料未及的。历史又一次让他选择：是老老实实地接受朝廷安排，到关外做一个空头王爷；还是再次抗拒朝命，再次举起反叛的大旗？这一次的选择甚至比上一次降清还是降李自成更难决定。这又是他人生的十字路口。

（五）撤藩之后可能出现的结果分析

其实，康熙皇帝可能真没仔细研究撤藩的利弊，他没仔细研究这个撤藩不是一个开玩笑的事儿。康熙皇帝既没有认真研究吴三桂，也没有认真研究历史。这个时候的康熙皇帝，他读的书太少了。这个时候的康熙皇帝，他太年轻气盛了。对于下面的情况，他太一无所知了。

按道理说，历史上关于撤藩的经验教训有很多。这些经验教训，文的也有，武的也有。

比如说武力撤藩，必然把人家给逼反了。把人家给逼反了之后会有两种结果：一种结果是反了的人赢了，比如说，明成祖朱棣就把他的侄子弄的不知所终了，然后自己坐了江山。另一种结果是反了的人输了，但是给国家造成了重大的灾难，比如说西汉的七国之乱。

这些都是教训，历史上也有一些经验，比如说，赵匡胤杯酒释兵权。

平西王吴三桂、
平南王尚可喜
靖南王耿精忠
在康熙皇帝撤藩
的决定下
先后起兵造反被称为：
三藩之乱。

纪连海语录

吴三桂原先还想朝廷会拒绝他的撤藩请求，不料康熙皇帝却同意了，这是他始料未及的。历史又一次让他选择：是老老实实地接受朝廷安排，到关外做一个空头王爷；还是再次抗拒朝命，举起反叛的大旗？

你康熙皇帝按照人家赵匡胤的思路，把吴三桂请到北京来，跟人家好好谈一谈，有什么可化解不开的？吴三桂早晚还是要死的，钱带不到棺材里面去。吴三桂的儿子又是驸马爷。何苦来造成这前后长达数年的三藩之乱，给国家、给民族带来这么大的灾难？

“撤藩”虽只二字，却对吴三桂属下数万人的命运起着决定性的作用，吴三桂割舍不下云南的宫殿、财产、美人、权势；吴三桂的部下也难以舍弃他们在云南得到的一切；吴三桂与他属下数万人都不愿离土重迁，他们害怕回到辽东生活受到影响，他们更离不开这早已熟悉了的四季如春的云贵高原。利益的驱动与民族情感交织在一起，吴军上下呼出一个声音，用武力反对撤藩，用武力反抗清廷。

此时，吴三桂还有一个顾虑，即他的长子驸马吴应熊还在北京。他派心腹赴京去接吴应熊，吴应熊却不赞成父亲轻举妄动。吴三桂的心腹无奈，只得偷偷带了吴应熊的庶子吴世璠返回云南。吴三桂见孙子来到，更坚定了起兵的决心，他一定要为自己和属下奋力一搏。他不能失去已经得到的一切，谁要夺走这一切，他便会武力相向。他想到，皇帝年幼，全国没有什么人可以挡住他吴三桂的道路。

赌徒失算

（一）“三藩之乱”的开始：1673年12月28日

大清王朝同时撤去三藩的决定，粉碎了吴三桂“世镇云南”的美梦。

吴三桂气急败坏，暗中指令死党向撤藩使者请愿，要求停止撤藩，继而又拖延时日，与心腹将领密谋发动叛乱。

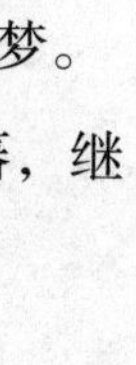

在经过一阵短暂的准备后，1673 年 12 月 28 日（康熙十二年十一月二十一日），吴三桂召集了四镇十营总兵，正式下令起兵。

为了给自己的反叛活动披上名正言顺的外衣，吴三桂在“矢忠新朝”接近三十年后，再度扯起了“复明”的旗号。吴三桂率三军拜谒永历帝陵，去满装、易汉服，重新蓄发，宣布与清朝完全决裂，他自任天下招讨兵马大元帅。

然后，他又发布檄文，指责清朝“窃我先朝神器，变我中国冠裳”，并声称要“共举大明之文物，悉还中夏之乾坤”（《吴三桂檄》）。一场大规模的叛乱活动就这样开始了。

12 月 29 日，吴三桂以 62 岁的高龄亲自披挂上校场，三箭皆中目标，他骑在马上，雄心壮志，锐气一如往昔。

1674 年 1 月 7 日，吴三桂自云南出兵北伐，兵不血刃，便拿下了贵州全境。

可以说，吴三桂的叛乱，开局一切顺利。

（二）“三藩之乱”的高潮：1676 年春夏之交

就在这个时候，吴三桂却在湖南犯下了一个致命的错误——1678 年起，吴三桂建国号“大周”，自己改称周王。

这时有人劝他用大明年号，立明崇祯皇帝的后裔，如此可以号召一切反清复明的人都参加这场兵变。吴三桂没有听从，这在后来看来是他失败的原因之一。他失去了大批反清复明人士的支持，这显而易见是不明智的。

1674 年 4 月，吴三桂的军队又迅速占领了湖南、湖北、四川、广西全境。吴三桂起兵三月，便拥有云、贵、川、湘、桂五省，声势震动全国。

与此同时，1674 年 4 月 20 日，靖南王耿精忠在福建宣布与清朝脱离关系。耿精忠与吴三桂约定，他主攻江西、浙江。因为耿精忠的起兵，开辟了第二战场，减轻了吴军的压力，形势对吴军有利。

1675 年 1 月，吴三桂的部下陕西提督王辅臣起兵造反，1675 年 2 月 28 日（旧历二月初五）攻下西北重镇兰州，西北震动。

不久，平南王尚之信在吴三桂的利诱下，违逆先父尚可喜的遗愿于 1676 年 4 月 3 日（旧历二月二十一日）在广东发动兵变，炮击清兵大营。

到这个时候，叛乱的三藩已经占领了云、贵、川、陕、甘、湘、粤、桂、闽、浙、赣共十一省的地盘。

至此，吴三桂发动的叛乱，终于扩大成为真正意义上的“三藩之乱”。而且，这个“三藩之乱”已经达到了高潮——最盛时期。

（三）吴三桂的战略性错误

在这样大好形势下，吴三桂却犯了战略性的错误，他饮马长江，本当痛饮黄龙，直捣京师，吴三桂却不过长江，在松滋一停就是三个多月，白白失去了大好时机！

吴三桂的谋士刘玄初在重要时候写了封信，劝其渡江北上，他却无动于衷，逗留观望，企图与清廷分长江而治。如果这时他挥军北上，清朝的江山就可能变色，而他却顿足不前。缺少进取精神，是吴三桂最后失败的重要原因，历史就是如此毫不留情。

（四）吴三桂的儿子吴应熊和他的妻子建宁公主

说到吴三桂发动反清的叛乱，就必须要说到吴三桂的儿子吴应熊。

孝庄皇太后下令，把皇太极的第 14 个女儿——皇太极最小的女儿——也就是顺治皇帝最小的妹妹，嫁给了吴应熊。这件事情发生在 1653 年的时候——这个时候，距离吴三桂发动反清叛乱的 1673 年，前后相距整整

二十年；更为重要的是，顺治皇帝的最小的妹妹、吴应熊的妻子的名号叫作建宁公主。

说起建宁公主，大凡读过金庸的武侠小说《鹿鼎记》的朋友们都很熟悉。在金庸的武侠小说《鹿鼎记》当中，这个建宁公主是后来韦小宝的七个老婆之一。金庸对于当时的情况有这样一段描写：孝庄皇太后确实是下令把建宁公主嫁给吴应熊了，建宁公主也确实跟随吴应熊到了云南。可是后来建宁公主却非常不喜欢吴应熊，就喜欢韦小宝。于是建宁公主在新婚的时候就把吴应熊给阉割了——吴应熊事实上成了太监。

历史上，可完全不是这么回事儿。

当建宁公主嫁给吴应熊的时候，吴应熊是一个二三十岁的英俊小伙子，建宁公主是一个12岁的小孩子。怎么可能出现《鹿鼎记》当中所说的那种事情呢？

何况，在历史上，建宁公主跟吴应熊的关系是很好的，两个人还生了孩子。

在这里，我们要注意的是：吴三桂的儿子吴应熊现在成了驸马爷。驸马爷不能跟着自己的父亲到云贵高原去生活——皇帝家的女婿都只能倒插门，都只能生活在首都北京——吴应熊也不例外。

以后的事情就非常遗憾了——后来就发生了吴三桂造反的事情。

但是，吴三桂造反之前，曾派人来到北京——他企图秘密地接自己的长子吴应熊回到云南，然后再发动叛乱。结果，没有想到，吴应熊不同意父亲企图造反的计划，也没有随同接他的人前往云南。最终，接他的人只接到了吴应熊的儿子——这个儿子不是吴应熊与建宁公主共同生养的孩子，而是吴应熊在与建宁公主结婚之前与另外的妻子生下的孩子。

不过，虽然吴应熊反对父亲的计划，且没有前往云南，但是这些都不能阻止康熙皇帝要杀掉吴应熊的企图——吴三桂一造反，康熙皇帝就下令杀掉吴应熊。康熙皇帝不但杀掉吴应熊，还杀掉吴应熊与建宁公主俩人爱情的结晶——他们的孩子。

从此，吴应熊的妻子建宁公主就成了寡妇。建宁公主后来活到了 1704 年，终年 60 多岁。

就在吴三桂云南起兵造反的同时，与云南相隔几千里的京师城内居然有人遥相呼应。这个人就是号称朱三太子的杨起隆。

朱三太子之谜

太子和三太子

（一）吴三桂叛乱与假冒的朱三太子的出现

通过前面的分析，我们知道，吴三桂好不容易才走上了投靠清朝的道路。因此，从吴三桂的内心来讲，他应该是不想反的——但凡有一条出路，吴三桂都不会造反。

就是因为即将陷入那种绝望——自己苦心经营的那么大一片基业，可能马上就这样没了，而没有得到一个像样的说法，这不是把人往死路上逼吗？康熙皇帝没有替别人着想，光从自己的角度想我应该怎么样了。

但是，历史是不可假设的——一切，都无可挽回地发生了！

在一切发生的时候，这里面有一个人物，掺和在里面也显得挺刺眼的。

这个人就是假冒的朱三太子。

然而，历史上到底有没有朱三太子这个人？假冒皇帝的太子有多好啊？为什么要假冒三太子呢？

（二）崇祯皇帝的儿子们

假冒朱三太子，那肯定是因为皇太子早已经死了。

我们这里所说的太子和三太子，其实都是指明朝最后一个皇帝——崇祯皇帝的儿子。崇祯皇帝有七个儿子，其中四个早死，只有三个死在他的后面：太子（长子）朱慈烺（lǎng），三子定王朱慈炯，四子永王朱慈炤。而人们通常所说的朱三太子朱慈焕，实际上是崇祯皇帝的五子，他只活到5岁就死掉了。

崇祯皇帝自杀后，太子朱慈烺藏匿于民间，三子定王朱慈炯、四子永王朱慈炤藏匿于周皇后的父亲周奎家。很快，周奎就将三子定王朱慈炯、四子永王朱慈炤交给了李自成。太子朱慈烺据说也被搜出。但是，李自成并没有杀掉这三个孩子，而是随身带在军中。李自成兵败山海关后，这三个孩子下落不明。

（三）假冒的太子案件

在朱三太子案件之前，先后有三个太子案件出现，前两个真假难辨，后一个则属绝对假冒。

首先是在1644年冬天，在北京出现了皇太子，这个皇太子辗转来投靠周奎，结果这个皇太子在见到了他的亲姐姐长平公主后，不久又被周奎轰出家门。结果，被清军逮捕后经过原来明朝宫内的太监和锦衣卫确认，的确是真的，之后由多尔衮下令处决。《明史》中没有关于此事的记载。这件事被记载在《甲申传信录》中。著名明清史专家孟森先生认为这个太子是真的。

1645年春，在苏杭地区流落的另外一个自称太子的人被南明的弘光政权接到南京，弘光皇帝朱由崧也是让曾经服侍过太子的太监辨认，结果也确认是真的。不久，南京被多铎的清军占领，这个太子也在被捕获之后押往北京处死。

此外，1679年，当清军对三藩的战争取得节节胜利时，在湖南新化县的一个寺院中擒获了一名叫“朱慈灿”的人，他自称明朝“太子”，招兵买马，颇为活跃。

说到这里，我们就知道了——原来，皇太子已经死了。那自然三太子就应该顺理成章地成为南明王朝的正统了。

真假朱三太子

不过，这个朱三太子，有真的，也有假的。真的朱三太子只有一个；但假冒的朱三太子，那就多了！

（一）假冒的朱三太子为什么自称朱慈焕

通过前面的介绍，我们知道，真的朱三太子实际上应该是三子定王朱慈炯。实际上这个人在李自成兵败山海关之后就不知所终了。

后来的这些假冒的朱三太子都称自己的名字为朱慈焕，也就是崇祯皇帝的五子。

那就怪了，为什么这些假冒的朱三太子连名字都假冒错了呢？他们不会这么傻吧？总该有点儿特别的原因吧？

的确是有点儿特别的原因。前面我们说过，朱慈焕是崇祯皇帝的五子，5岁就死掉了。据《明史》记载，朱慈焕死前曾对崇祯皇帝说：“九莲菩萨说：‘皇上待外戚太薄，将让他的儿子都死掉。’”

朱慈焕口中的九莲菩萨，实际上是指万历皇帝的生母李太后。崇祯皇帝当时觉得这件事情很奇怪，便封朱慈焕为“玄机慈应真君”。所以，朱三太子案件中的众多假冒者，主要是看中了朱慈焕“玄机慈应真君”的身份，而与他是不是皇子没有什么关系。

（二）到底有多少个假冒的朱三太子

这个假冒的朱三太子，不是只有一个，而是前后有好几个，至少有四个。

问题在于，在众多的假冒朱三太子的人中，电视连续剧《康熙王朝》里面的杨起隆是第几个呢？

电视连续剧《康熙王朝》里面的杨起隆是第二个假冒朱三太子的人。

在杨起隆的前面，1651 年，有冒称崇祯皇帝三子名朱慈焕者；在杨起隆的后面，1707 年，又有化名王士元者，自称朱三太子朱慈焕，后被凌迟处死；1721 年，朱一贵之子自称朱三太子，聚众造反。

这三个假冒的朱三太子中，最有意思的是 1707 年的这个。这个长期以教书为业的王士元被捕后，称自己为朱三太子，是崇祯皇帝的第四个儿子，名字叫朱慈焕。您瞧瞧，他把崇祯皇帝的三、四、五三个儿子都占全了。您说，这都什么和什么呀！

（三）声势浩大的杨起隆

问题在于，为什么电视连续剧《康熙王朝》不选择这三个中的一个进行介绍，而是非得要用大量的镜头对准杨起隆假冒的朱三太子呢？

那是因为在所有的假冒的朱三太子当中，还是以电视连续剧《康熙王朝》中的杨起隆声势最为浩大。

（四）杨起隆起义的时间和地点的选择

为什么杨起隆声势最为浩大呢？

主要原因有以下两个方面：

第一，时机抓得好——他充分利用了吴三桂的三藩之乱这个千载难逢的机遇：当时吴三桂已在云南发动叛乱，杨起隆就是借此动乱之机部署行动的。他趁云南王吴三桂起兵反清之际，在北京组织百姓和八旗贵族的家奴举起义旗。他以明朝朱三太子为号召，提出“反清复明”的口号，建元“广德”。他们相约用白布裹头、红布披身为标记，在北京的内外城放火为号，同时起义。白布裹头，意思是出殡——就是为明朝崇祯皇帝戴孝；红布披身，意思是朱明皇朝当然是红的。

第二，地点抓得好——他率领的人是在京城起事的。在京城起事，他的影响那就大多了。当时，杨起隆经常在鼓楼西斜街明朝的降将周全斌家中秘密聚会，计划在12月13日五更举火起义。12月11日，决定提前起义。

这里我们要注意：杨起隆发动起义的那天，不是电视连续剧《康熙王朝》中的二月二“龙抬头”那天，而是在12月11日。提前起事的原因是事情已经泄露，被清朝政府发觉了。

（五）杨起隆的失败

电视连续剧《康熙王朝》中的这个杨起隆，不仅很勇敢，而且准备非常充分。这是真的吗？

表现勇敢的确是真的。面对强敌，这些起事者全无惧色，经过一场激烈战斗，终因众寡悬殊而失败。一同起义的数百人被俘后惨遭杀害。

但是准备充分是假的。毕竟京城是天子的脚下，想在京城起事还是很困难的。因此，严格说来，他的准备并不充分。这表现在以下两个方面：

第一，人数不多。杨起隆动员了受满洲贵族欺负的奴仆、一些汉人还有极少数满八旗的下层群众。只有几百个人起义，人太少了。也就是说，参加这次起事的就是几百个很可怜的奴仆和佃户。

第二，起事未遂。实际上，他的这次活动尚未实施，便被官府察觉，杨起隆仓促应战，事败后逃亡不知所终。

1679 年，当清军对三藩的战争取得节节胜利时，大将军图海在陕西逮捕了一个“朱三太子”，据说他就是杨起隆。这个杨起隆被押解到北京，清廷经过审问，认定他是假冒的“朱三太子”，但是没有确定他是否是杨起隆，就把他给杀了。

看来，这个假冒的“朱三太子”杨起隆并没有成为吴三桂的得力帮手。

（六）杨起隆的后代

电视连续剧《康熙王朝》当中，还有这么一个情节，就是这个假冒的“朱三太子”杨起隆跑了，他的女儿被索额图收留了，叫红玉。这个红玉后来还和太子发生了一段感情戏。

历史上是这样吗?

那是不可能的。

第一，历史上没有红玉这个人。杨起隆有没有后代历史上没有交代，所以对于红玉这个人历史上没有记载。红玉这个人和她的戏肯定都是编导自己编出来的，这是为了美化杨起隆全家，同时也给大家一个完整的交代。

第二，索额图也不能干这种事。咱们前面说过，索额图除鳌拜，立下多大功劳，他能做这种事吗? 那是不可能的，完全不可能。如果这样的话，他也有点儿太大逆不道了。而这个皇太子又是他的哥哥的女儿的孩子。他至于要陷害自己的亲人吗?

平定三藩之乱

腹黑的王辅臣

（一）王辅臣其人其事

历史上的王辅臣非常坏。当时王辅臣驻守甘肃平凉。他一直是吴三桂的部下，是吴三桂推荐他到甘肃平凉当官的。然后吴三桂这边一造反，立马给他写信，相约哪天起事。

王辅臣那边马上就答应了，说：好，我跟你一块儿造反。转头他把这封信六百里加急，连夜送到北京给康熙皇帝看——他又把吴三桂给卖了。

康熙皇帝接到信，说道：大英雄王辅臣在最关键的时刻救了我，马上升官。整个甘肃省的兵全都归你王辅臣一人节制。然后康熙皇帝命令王辅臣出兵攻打吴三桂。这个时候康熙皇帝总得派一个监军，所以就派了一个叫莫洛的人。

莫洛这个人，您可别小瞧了他——他是鳌拜余党。虽然他是鳌拜提拔起来的，但是这个人当官一直比较清廉，所以康熙皇帝铲除了鳌拜以后，觉得莫洛这个人还不错，在山西做官以清廉著称，所以就一直提拔他。康熙皇帝在最关键的时刻，就派了莫洛当监军负责和王辅臣一道共同对付吴三桂，我们要注意这个时候他在哪儿，在甘肃，吴三桂在云贵，这中间夹着一个四川，所以当时双方都派人去打四川，当走到四川的时候，王辅臣又反了。王辅臣趁莫洛不注意，杀掉了莫洛。然后王辅臣兵回甘肃，又先后占领了宁夏和陕西。

我们要注意，本来三藩之乱已经到了长江以南尽归三藩之手的时候，就在此时，王辅臣这一反不要紧，四川丢了，甘肃丢了，宁夏丢了，陕西丢了，新疆也丢了。三分天下，三分之二以上都落入了三藩之手。

这个时候的康熙皇帝陷入了巨大的被动状态。

可是就在此时，有一个非常关键的人物出场了。他是谁呢？他就是周培公。

（二）周培公其人其事

在电视连续剧《康熙王朝》当中，周培公是四省巡抚。而在实际生活中，周培公就是一个平民百姓。大将军王辅臣这边一反，康熙皇帝连忙派大将军屠海到甘肃——得收拾收拾王辅臣这个小子。就在这个时候，平民百姓周培公给大将军屠海写了一封信，信的名字叫《平凉策》——“平凉”就是王辅臣的住地——《平凉策》实际上就相当于一个战略计划书。

大将军屠海一看，这个《平凉策》不错，你跟着我走吧。大将军屠海就收留了周培公。此后的周培公就成为一个幕僚——后来的人称呼他们为绍兴师爷——也就是个出主意的。

那么这个师爷周培公到了，大将军屠海包围平凉，双方第一次交战，王辅臣战败。

王辅臣战败的时候，周培公告诉大将军屠海：不要打了。

当时这个大将军屠海问：为什么？

周培公说：因为我在平凉城里有两个最好的朋友。我们相约，只要我进城，三个人就可以说服王辅臣投降，你派我一个人去就可以了。

当时大将军屠海一想，不就是一个人吗，你这个人也是我捡来的，也无所谓死不死的，我就送你到城里吧。

大将军屠海就把周培公送进平凉城里去了。结果周培公进城后，三言两语就劝说王辅臣二度投降清朝了。

王辅臣这一投降，西北形势又变了。整个四川、甘肃、宁夏、陕西、新疆又归了大清朝，形势转眼之间对吴三桂非常不利。

终于折腾完了

（一）“三藩之乱”的转折点：1676 年冬

与此同时，康熙皇帝迅速调动全国的军事力量，向吴三桂扑来。康熙皇帝首先削去吴三桂的亲王爵，然后处死了吴三桂留在北京的儿子吴应熊父子。

1675 年 5 月，康熙皇帝组织了十路大军进剿吴三桂军，甚至将蒙古兵也征调到前线，总兵力在二十万以上。双方的主力都摆在湖南，吴军在岳州，清军大本营在隔岸的荆州，一直对峙着。

康熙皇帝采取各个击破的方针，西北的王辅臣首先被击败。在福建战场，1676 年 11 月，耿精忠率众向清军投降。广东的尚之信再次降清。

（二）吴三桂的称帝和死亡

在政治与军事逐渐恶化的情况下，1678 年 3 月 23 日，吴三桂急忙在衡州（今湖南衡阳）即帝位，宣布国号大周，改元昭武。但是吴三桂的政治和军事上的不利处境并没有因为他的登基而获得丝毫改善，清军加紧了对湖南岳州和长沙的进攻，志在必得。

吴三桂本人的志气和身体一天天衰败，他的生命已走到了尽头，这位 67 岁的老人再也无法展现当年的神勇，已是风烛残年。天不假年，吴三桂于 1678 年 10 月 2 日忽然中风，噎嗝且下痢，第二天便病逝了。

（三）“三藩之乱”的结束

吴三桂死后，部下郭壮图、方光琛等拥立其孙吴世璠即位于贵阳，改元洪化。控制地盘越来越小，内部也更加分崩离析。趁此时机，清朝政府加强了政治策反和军事进攻。1679 年，大清王朝的军队克复湖南、广西；1680 年，又下四川、贵州并进兵云南；1681 年 12 月 7 日，昆明城内粮尽援绝，吴世璠自杀，余部投降。清军夷吴三桂满门，并到处寻找吴三桂的尸骨，大肆纵兵抢掠。陈圆圆于城破之前便逃离了昆明，隐居贵州山区。由吴三桂掀起的持续 8 年之久的一场人规模的内战至此全部平定。

（四）王辅臣的结局

现在，我们要回过头来看看这个人物——王辅臣，在整个“三藩之乱”的过程中，他的这两下子动作好像有点儿太厉害了——他太坏了。

所以康熙皇帝也没饶得了他。三藩之乱刚刚被平定的 1681 年，康熙皇帝马上命令王辅臣赶紧到北京。

结果这个王辅臣走到半道上，就死了。

怎么死的呢？据说是自杀。

问题在于，好端端地走半路上，这个王辅臣干吗要自杀呢？

其实，这个王辅臣是非常聪明的一个人，他知道等待他的将会是什么：不是自杀就是被杀——他非常清楚，到了北京以后，没有他好果子吃。

另外，一般来说，在史书当中经常会出现有人在半路上或者在不明场合不明不白地就死了，注意，一般来说，不是那个人想死，肯定是被害了。这是历史上有些人经常玩儿的伎俩。

那个女人去哪儿了

最后，还需交代吴三桂最宠幸的爱妾陈圆圆的下落。当初，就是这个女人促使吴三桂“冲冠一怒”，弃大顺政权而投清，从而改变了自己的命运。清军入昆明后，在吴三桂的籍簿上确无陈圆圆的名字，亦不见其人。她下落何处？这已成为至今未解的一个历史之谜。

据《平滇始末》《平吴录》等书所载，城破时，陈圆圆同郭皇后，还有一个叫印太太的，一同自缢而死；又一说“陈沅（圆）不食死”；还有的说，她当了尼姑隐居起来而得善终；还有的说她投滇池而死。众说不一。

清代野史说，陈圆圆的墓在昆明商山寺，甚至说她死于康熙二十八年（1689年）。墓已不复存在，也难辨真假。

直到20世纪80年代初，据报载，在贵州岑巩县水尾乡马家寨发现了陈圆圆墓，有碑一通，上面镌刻“吴门聂氏之墓”六字。“吴门”非指为吴（三桂）家人，而暗示圆圆籍贯苏州，此为“吴门”之意。至于“聂氏”，也是代用他人之姓，这大概是为了避讳政治嫌疑才隐姓埋名的，碑文明载当年陈圆圆由昆明来到贵州岑巩平西庵为尼（庵今仍存，在今岑巩县大有乡桐木寨）。

她何时到此？大抵是吴三桂反后，兵驻湖南，或许她为避祸，而悄悄远离昆明，来此僻地隐居，故能得以善终。

又据报，这个寨子有三百多户人家，除一家之外，都姓吴。他们自称是吴三桂的后代，祖上有训，要为陈圆圆墓保密，所以墓才保存到今天。（《中国旅游报》1986 年 11 月 11 日，“陈圆圆及其墓地”）。陈圆圆墓旁是吴三桂的心腹大将马宝的衣冠冢。

说到马家寨，还有一个至今流传了几百年的传说：说的是吴三桂手下的第一大将马宝，马宝这个人很忠于自己的主子，后来这个马宝一看，吴三桂的家人都死的死、亡的亡，马上在最危急的关头为吴三桂剩余的家人，包括陈圆圆还有吴三桂的其他儿子孙子保驾护航，一路冲杀，跑到了贵州的一个深山里。那个地方交通很闭塞，后来马宝就死在了那里。马家寨的马就是马宝的马，吴三桂的后人为了纪念马宝而将这个地名命名为马家寨。

平定了三藩之乱，这在康熙皇帝的人生当中是非常重要的一笔，也是康熙皇帝的功劳之一。平定三藩之乱，这里蕴含了统一的主题。

三藩之乱最后之所以失败，也有人说了，其实也是吴三桂的做法不合民意——因为那个时候谁还想再打仗，谁还想再分裂？

所以在那种情况下，吴三桂的失败就是必然了。

第四章 收复台湾

郑成功抗清

康熙皇帝的“三个代表”

（一）康熙皇帝的三项丰功伟绩

我们的这本书，已经介绍了康熙皇帝生平当中的两项丰功伟绩：一项丰功伟绩就是智擒鳌拜，自己能够来直接治理天下；另一项丰功伟绩就是平定吴三桂发动的三藩之乱，建立了一个更加统一的中国。

康熙皇帝平定三藩，强化了专制王权；而收复台湾，更是康熙皇帝一生中不可不表的丰功伟绩：当时郑成功已经从荷兰殖民者手中夺回了台湾，但是他的后人据守台湾二十多年，不肯向大清王朝俯首称臣；而清政府由于刚刚结束了 8 年之久的三藩之乱，迫切需要休养生息。

那么，康熙皇帝是如何凭借着起步非常薄弱的水师力量，完成了收复台湾、统一中国的大业呢？

从本节开始，我们将开始着重介绍康熙皇帝生平当中的第三项丰功伟绩：收复台湾，建立了一个空前统一的中国。

（二）日益走向成熟的康熙皇帝

在康熙皇帝的一生当中，收复台湾这件事是相当重要的：如果我们可以说，智擒鳌拜集团既体现出少年康熙皇帝的机智勇敢，又体现出了他幼稚不成熟的话，那我们就可以说，平定“三藩之乱”既体现出青年康熙皇帝的考虑事情不周到，又体现出了他坚韧顽强的性格。而我们要讲到的任用施琅武力收复台湾，则完全表明康熙皇帝日益走向成熟。

我这里所说的康熙皇帝日益走向成熟，实际上是说，这个时候的康熙皇帝既能够坚持原则（一定要收复台湾不动摇，一直以收复台湾为己任），又能够根据不同的形势，及时制定、调整对台湾的政策和策略。

康熙皇帝能够根据不同的形势，及时制定、调整对台湾的政策和策略，是说康熙皇帝对台湾的总体政策，一直是剿抚并用。但是，这个剿抚并用也是动态的：大致说来，以抚为主；1681 年平定“三藩之乱”之后，以剿为主。

郑成功他很成功

（一）郑成功是个中日混血儿

说起郑成功这个人，还得先说他的父亲，他父亲叫郑芝龙。郑成功的父亲郑芝龙，初名一官，字飞黄，福建南安人，出生于 1604 年。1621 年，郑芝龙前往粤东香山澳投奔舅父黄程。1623 年，他为黄程押送白糖、奇楠、麝香、鹿皮到日本平户（今日本长崎），结识了侨居日本的华商头目、海盗巨魁李旦，从此开始了海上贸易生涯。

在平户，郑芝龙与日本女子田川氏（中国姓氏为翁氏）结婚，次年——也就是1624年生下了儿子郑成功。郑成功的小名叫“福松”。也就是说，其实郑成功这个人是中日混血。

（二）郑成功的父亲郑芝龙：从海盗到官军

1624年1月，郑芝龙被荷兰东印度公司接纳为通事，乘船离开日本前往台湾，1625年后又脱离东印度公司，加入李旦海盗集团。8月，李旦病死，他遂占有李旦的财产和位置，做了海盗首领，并因“一官”之名不雅，改名芝龙，号称“飞黄将军”。1626年，他率船队进入金门、厦门一带，屡败明朝官军，横行海上两年六个月，至1628年秋受福建巡抚熊文灿招抚，授予海防游击之职。

这个时候，在中国的东南沿海活跃着很多海盗集团。这些海盗集团与郑芝龙时合时离，彼此对海上利益存在激烈的竞争。郑芝龙既降了明朝，遂以官军身份对海上诸“盗”大张挞伐，1629—1635年先后消灭了李魁奇、杨兴、杨七、钟斌和刘香诸集团，大大发展了自己的势力，从此独有南海之利，“海舶不得郑氏令旗，不能往来，每一舶例入三千金，岁入千万计，芝龙以此富敌国。自筑城于安平，海舶直通卧内，可泊船，径达海。其守城自给饷，不取于官。旗帜鲜明，戈甲坚利，凡贼遁入海者，檄付芝龙，取之如寄。故八闽以郑氏为长城”。

（三）郑成功回到祖国

就在郑芝龙开始发迹的时候，1630年秋，郑芝龙派人把遗留在日本的6岁的儿子福松接回南安县安平镇家中。

郑芝龙见儿子福松仪容雄伟、声音洪亮，满心喜悦，为其延师肄业，取名森。

这个时候的郑森非常聪明，最喜欢看《春秋》和《孙子兵法》；除了看书之外，他还很喜欢舞剑驰射，不喜欢写八股文。

郑森的先辈王观光一见郑森如此，便对郑森的父亲郑芝龙说：“是儿英雄，非若所及也！”郑森的四叔郑鸿逵也非常器重郑森，常常抚摸着郑森的头说：“此吾家千里驹也！”

郑森10岁的时候，塾师以《洒扫应对》出题，郑森在作文的后幅束股中写道：“汤、武之征诛，一洒扫也；尧、舜之揖让，一进退应对也。”先生对其用意的新奇大为惊讶。

1638年，郑森进南安县学；1642年秋至省参加乡试，未中。1643年，19岁的郑森娶雷廉道董容先的女儿为妻，当年生子，取名郑经。

就在这个时候，发生了明清代易的事情——明朝灭亡、清军入关。

清政府眼中的刺头

（一）郑成功的名和字的由来

崇祯皇帝上吊自杀、大明王朝灭亡的同一年——也就是1644年，福王朱由崧称帝于南京，改元弘光，这就是历史上的福王弘光政权（“弘光”为福王朱由崧政权的年号）。朱由崧加封郑森的父亲郑芝龙为南安伯，调其兵六千人由郑森的四叔郑鸿逵统领入卫。郑森随郑鸿逵到南京，进南京国子监。

这个时候的郑森羡慕钱谦益的名声，拜钱谦益为老师。钱谦益见郑森丰采掩映，志气不凡，于是为郑森取字“大木”。钱谦益认为自己的弟子郑森“少年得此，诚天才也”。瞿式耜更是称赞郑森“瞻瞩极高，他日必为伟器”。

1645年弘光政权亡后，黄道周与郑芝龙、郑鸿逵奉唐王朱聿键称帝于福州，改元隆武，这就是历史上的唐王隆武政权（“隆武”为唐王朱聿键政权的年号）。朱聿键晋封郑芝龙为平虏侯，郑鸿逵为靖虏侯，郑森的五叔郑芝豹为澄济伯，郑森的族兄郑彩为永胜伯。其后不久，朱聿键又晋封郑芝龙为平国公，郑鸿逵为定国公，俱加太师衔。郑氏一门勋望，声焰赫然，“族戚、部将封侯伯者十余人，其挂印腰金、侍御卿校，盈列朝内，内外大权，尽归芝龙”。1645年秋，郑芝龙将自己的儿子郑森引见给隆武帝朱聿键，朱聿键见到郑森之后，抚着郑森的后背说：“惜无一女配卿，卿当尽忠吾家，无相忘也！”于是赐郑森姓朱，名成功，封御营中军都督，仪同驸马、宗人府宗正。也就是说，从这一刻开始，原来的郑森转变成了朱成功——这就是我们通常所说的郑成功名字的由来了。

自此，中外皆称郑成功为“国姓”“国姓爷”。1645年冬，郑芝龙又派人从日本把郑成功的生母翁氏接到安平。

（二）郑成功离开抗清前线

当时大江以南各地都有明朝遗臣在坚持抗清斗争，他们都希望获得唐王隆武帝朱聿键这面旗帜以获得发展，隆武帝也想离开福建，摆脱郑氏控制。但是，郑芝龙已在闽广购置大量仓庄田产，更有海上巨大利益，所以尽管隆武帝屡檄出关，郑芝龙总以缺饷为名，按兵不动，或佯作出关，行不数里而还。黄道周自请出关募兵江西图恢复，“芝龙仅给羸卒千人，甫出关而溃”，不久在婺源被俘而死。郑鸿逵陈兵仙霞关，严禁儒生入闽，不让他们去给隆武帝出主意。

1646年春，隆武帝决意离开福建去江西，当时郑成功随侍，条陈据险控扼、拣将进取、航船合攻、通洋裕国等诸项措施，隆武帝封郑成功为忠孝伯，挂招讨大将军印。

但是，由于郑成功的父亲郑芝龙的煽动，福建军民数万人遮道号呼，极力阻止隆武帝离开福建。郑成功看到隆武帝政权内部的种种问题并非一时能够解决的，于是以母病为由告假回到安平老家。

（三）郑成功的父亲郑芝龙投降清朝

就在这个时候，清朝方面，派出了郑芝龙的同乡、泉州南安人洪承畴为招抚南方总督军务大学士，还派出了郑芝龙的同乡、泉州南安人黄熙胤为招抚福建御史，由他们两个人负责福建地区的招抚工作。

洪承畴和黄熙胤向征南大将军贝勒博洛献策：隆武帝兵马钱粮俱掌握在郑芝龙手中，若许以王爵，福建可不劳一矢而定。博洛乃命洪承畴和黄熙胤修书给郑芝龙。郑芝龙接到书信之后，立即决定投诚。

1646 年夏，在郑芝龙的配合下，清军迅速攻占浙江全境。郑芝龙诡称征讨清军，迅速离开延平，并密谕守关诸将施天福等尽撤关兵。1646 年秋，清军在没有遭到任何抵抗的情况下，占领福建，杀掉了隆武帝及其皇后。随后，郑芝龙拒绝了他儿子郑成功的劝说，亲自挑选了 500 名盔甲鲜明的勇士随从，前往福州向清军投降。

（四）郑成功抗清探秘

郑芝龙既降，郑氏旧部大多各行其是。郑鸿逵率部入海，郑彩、郑联兄弟转奉鲁王。

在这种情况下，1646 年冬，时年 22 岁的郑成功在泉州文庙孔子像前烧掉了儒巾蓝衫，会阁部路振飞、曾缨、万年英等，设高皇帝神位，誓师恢复，称“忠孝伯招讨大军罪臣朱成功”。

1647年春，郑成功率愿从者九十余人，乘两艘大船往南澳募兵，又取从日本归来的郑氏商舶资金十万佐军，队伍很快发展到数千人。于是郑成功在厦门鼓浪屿设演兵场，建镇命将，训练部队，继续使用唐王年号。

就在这个时候，清军突袭安平，大肆淫掠，郑成功的生母翁氏不愿受辱，剖腹而死。

母亲的惨死，更加激起郑成功对于清朝的满腔仇恨。

此后不久，郑成功与郑彩、杨耿合兵，入海澄，破九都，攻漳平、龙岩等县；原明朝浙江巡抚卢若腾、进士叶翼云、举人陈鼎（陈永华之父），俱至安平拜谒郑成功；此外，还有五短身材、勇猛绝群的海澄人甘辉，武艺精熟的漳浦人蓝登，机略畅晓的南安人施琅，先后投奔郑成功，成为郑成功手下的得力将领。

1648年夏，辅明侯林察自广东逃回福建，面见郑成功。林察向郑成功报告，说瞿式耜已在广东肇庆拥立桂王朱由榔为帝，改元永历，这就是历史上的桂王永历政权（“永历”为桂王朱由榔政权的年号）。郑成功遂尊其朔号，遣使称贺。1649年，永历帝晋封郑成功为广平公。

此后，郑成功迅速兵锋西指，并于1650年夏大举进攻潮州，企图把福建与广东连成一片，扩大抗清阵地。

（五）郑成功有了可靠的抗清根据地

这时全国的抗清形势已急剧由高潮转入低潮。清军迅速占领了江西、湖南、广东等地，广东已毫无发展的可能。1650年秋，郑成功的叔叔郑芝莞力劝郑成功回取厦门为根据地。郑成功遂带领部分兵马秘密回到厦门。

厦门是郑成功的族兄郑彩、郑联的地盘。暂时将鼓浪屿一隅作为自己练兵之所的郑成功决定吞并整个厦门。

1650年中秋节的这天夜晚，郑成功选精兵五百，令甘辉、施琅、洪政、杜辉四将统领配船四只，奇袭郑联的驻地万石岩，并于第二天夜里刺杀了郑联。

郑联死后，郑成功率兵进入厦门城。从此，郑成功有了稳固的基地，兵也增至四万余人。

1650年冬，清军攻破舟山，张名振、张煌言奉鲁王漂泊金门。郑成功趁机吸收浙海水师名将张名振、周鹤芝、阮骏等部，闽、浙、粤沿海抗清武装悉归其下，号称大军数十万。于是建五军，以辅明侯林察为左军，闽安侯周瑞为右军，定西侯张名振为前军，平彝侯周鹤芝为后军，郑成功自为中军元帅，每军大小船一百号。

就在这个时候，清朝方面，派平南王尚可喜和靖南王耿继茂统率数万大兵进攻两广；广西危机，永历帝召郑成功从虎门入援，李定国出三水合攻。郑成功遂决定统兵南下擒王。

1651年春，就在郑成功兵至南澳的时候，左先锋施琅提出反对南征的意见。由此引发了郑成功和施琅的恩恩怨怨，也最终决定着台湾岛的未来。

施琅，是何许人也？他为什么有这么大的能耐？他又为什么会与郑成功发生尖锐的冲突呢？

死对头

再伟大的人物也有缺点。郑成功有缺点，施琅也不例外！郑成功的缺点就是心胸狭窄、刑法严酷。施琅的缺点就是恃才倨傲、目中无人。而正是这些缺点，使他们的关系最终走上了破裂的道路。

千万不要得罪下属

（一）施琅：从郑芝龙的部下到郑成功的部下

施琅，字尊侯，号琢公，福建晋江人。出生于1621年，比郑成功还大三岁。自幼生长在海边，少年时代从师学剑，武艺超群。历史上记载，他“少有识度，膂力过人”，1637年入海为盗，投入郑芝龙部下。

1646年秋，郑芝龙决定归顺大清王朝以后，立即挑选了包括施琅在内的500名兵士随从他前往福州，归顺大清王朝。郑芝龙降清后，被博洛挟持北上。500名随行者被留下来，强制分配到各军营，即随清军南下，继续镇压广东方面的抗清力量。

此后，郑成功打起“杀父报国”之大旗，聚师90余人起义，走上武装抗清的道路；不多时，郑成功的军队便发展到10万余人、战船500艘。

1649年春，施琅与其弟施显找了个机会，脱离了清军，加入了郑成功的抗清武装。由于施琅才干超群，没过多久他就成为郑成功最为得力的将领——左先锋。根据陶元藻的《碑传集·卷十五·施琅传》记载，这个时候的郑成功待施琅如兄弟一般，“军储卒伍及机密大事，悉与谋”。

（二）郑成功与施琅关系破裂之源

就在郑成功与施琅的关系非常密切的时候，有人告诉郑成功，施琅曾说他梦见自己是北斗第七星，迷信而又心胸狭窄的郑成功开始忌恨起施琅来。施琅兄弟俱握兵权，每有跋扈之状，郑成功则更加不满。

1651年，郑成功决定南征清朝政府平南王尚可喜、靖南王耿继茂的几万大军。而此时的施琅，面对如此强大的对手，反对郑成功以卵击石的做法，引起了郑成功的不满与恼怒。郑成功此时因军事斗争紧张，无暇顾及解决私人的矛盾，于是命令施琅回守厦门。

但是，随后的一件小事最终引发了双方的决裂。

（三）郑成功与施琅关系的最终决裂

事情是由一个叫曾德的人引起的。这个人原来是一个清兵，后来在战争中被施琅俘获后，投靠了施琅，成为施琅的亲兵。结果，有一天，曾德逃跑了，郑成功又收留了他并且将其提拔为自己的亲随。结果，有一天曾德外出办事，又被施琅擒而治之。郑成功得知后驰令勿杀，然而施琅已斩之。郑成功因此大怒。从此，两人变成你死我活的死对头。

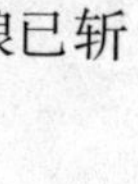

1652年春夏之交，郑成功下令逮捕施琅及其父施大宣、弟施显。

根据《台湾外记》记载，当时的施琅被监禁在船上，由副将吴芳看守。施琅家人派人假称郑成功调回审问，当走到僻静处的时候，施琅及其家人打倒了吴芳和押解士兵逃脱。

郑成功大怒，命令全岛戒严，严密搜索。

施琅在山穴中潜匿了几天几夜，密投部属苏茂家中。当时苏茂顶替施琅左先锋之职，施琅激他说："闻藩主千金高爵购我，细思贤弟与我最厚，特来相寻，免被他人邀功。"苏茂说："茂虽不肖，岂肯卖镇主以求荣乎？且公投生非投死也。茂虽死，亦不可为。公幸勿疑！"遂藏起施琅。次夜，令心腹备小船送往安平依附郑成功的叔父郑芝豹。

施琅求郑成功的叔父郑芝豹从中调解，不料遭到郑芝豹的严词拒绝。

当郑成功得知施琅逃入安平后，又派人去刺杀施琅。结果行刺失败，郑成功一怒之下竟将施琅的父亲施大宣、弟弟施显一并杀掉，并杀了吴芳的妻与子五人。

（四）施琅二度归顺大清王朝

至此，施琅既不能回归郑军，也不能久匿民间，被逼走了归顺大清王朝的道路。万般无奈，施琅再度归顺了大清王朝。

施琅投降清廷后，始终以郑成功为对手。1655年，施琅率军与郑成功激战于晋江白沙，结果施琅惨败。1656年，施琅助定远大将军济度击败郑成功军于福州，以功授同安副将，后来升任同安总兵。

施琅投降清廷，对郑成功的抗清事业、对郑成功的子孙后代、对台湾的前途都将产生重大影响。

迷信而又心胸狭窄的郑成功对手握兵权的施琅兄弟每有跋扈之状，郑成功更加不满。

纪连海语录

就在郑成功与施琅的关系非常密切的时候，有人告诉郑成功，施琅曾说他梦见自己是北斗第七星，迷信而又心胸狭窄的郑成功开始忌恨起施琅来。施琅兄弟俱握兵权，每有跋扈之状，郑成功则更加不满。

一个巴掌两颗枣

（一）抗清形势的再度高涨

就在这个时候，郑成功已经避开了与清军的正面作战，矛头主要指向不清不明的地方势力。但是，随后清军偷袭厦门，将郑芝龙一生聚敛、郑成功多年经营的财富席卷无遗，这激起了郑成功无比的愤恨，郑成功开始全力对付清军。

1652年春，郑成功扬帆直入海澄港，接着进军江东，攻击长泰，声威大振；清浙闽总督陈锦亲督大军对郑成功包抄合围；郑成功五路设伏，大败清军于江东桥，陈锦被家丁刺死。

1652年秋，清平南将军固山额真金砺奉命入闽，会同新任福建总督刘清泰救援被包围的清军；郑成功退守海澄；到1653年夏，郑成功赢得了海澄战役的胜利。

至此，郑成功开辟和巩固了以金门、厦门两岛为中心，以漳州、泉州两府为主要活动范围的根据地，永历帝也于1653年秋晋封郑成功为漳国公，封延平王。

我们再说郑成功的父亲郑芝龙被挟持进入北京后，清廷为了招降郑氏余部，授予郑芝龙一等精奇尼哈番世职。对于郑成功，清廷在很长的时间内并不在意。直到此时，郑成功的声威开始震动清廷。

就在这个时候，南方出现了第二次抗清活动的高潮，张煌言饮马长江，李定国猛攻两广，他们还多次遣使联络郑成功，约期会师恢复中原。

（二）一波三折的和平攻势

在这种情势下，清朝政府开始对郑成功开展积极的和平攻势：1652年冬，清朝政府命令郑芝龙写信给郑成功，告之朝廷招抚之意；1653 年夏，清朝政府主动册封郑成功为海澄公；1653 年秋，清朝政府的使臣来到厦门，郑成功表示：清朝必须切实给予三省地方，方可实现和议；1653 年冬，清朝政府决定给予郑成功“靖海将军”敕印，答应给予泉、漳、惠、潮四府安插郑成功的兵马；郑成功仍然坚持非三省地方不可，并且必须依照朝鲜惯例处理双方关系。

1654 年秋冬之际，清朝政府又派重臣偕同先期随同郑成功的父亲投降的郑成功的几个弟弟、季弟来到福建与郑成功议和。郑成功提出先受诏，后议剃发之事。清使要求先剃发，然后受诏。谈判至此归于破裂。

招抚不成，清朝政府决定诉诸武力。1654 年冬，清朝政府派三万大军征剿郑成功。郑成功也知大战在即，一面在海上大整舟师，增设炮台；一面主动收缩战线，全师退守厦门。1656 年夏，清军分三路进攻郑成功，结果郑成功大获全胜。但就在这时，驻守海澄的前冲镇黄梧挟持副将苏明及海澄知县王士元，献城投降了清朝。

就在这种情况下，清朝政府再度企图劝郑成功和议。结果，郑成功亲自写信给自己的父亲，仍然坚持以不剃发、予三省为条件。清朝政府最终对招抚郑成功丧失了信心。顺治皇帝一方面降谕全力剿捕郑成功，另一方面命将郑芝龙加铁链三条，手足枷铐，严加看守。

1658 年年初，永历帝晋封郑成功为潮王。1658 年夏，清军派达素南征失败后，郑成功率领所属的全部人马北征。结果赶上了台风，这次北征没有成功。

1659 年夏，郑成功再次率领全军 15 万人马大举北征。结果，再度失利。郑成功部队的取粮范围也日益缩小，只剩下金门、厦门两岛，实在难以养活数万大军。

怎么办呢？郑成功决定，利用清朝“国丧”的间隙，向台湾进军，建立新的抗清基地。

收复台湾没得商量

（一）台湾问题的产生

台湾位于我国东南海中，与福建一衣带水。三国时代称“夷州”，隋唐宋元称“流求”。明清之际，台湾的土著居民约有10万，生活在全岛36000平方公里的土地上，过着原始部落生活。从很早的时候起，就不断有大陆渔民移居台湾。随着海上贸易的发展，以及南宋遣兵屯戍澎湖，元代设立澎湖巡检司，移民日益增多。明代实行海禁，这里成了一些武装走私集团如林道乾、李旦、郑芝龙等人的活动基地。

16世纪中叶，西方殖民主义者东来，也发现了台湾这个美丽的岛屿。1543年，葡萄牙人经过台湾海峡，见台湾岛上风光秀丽，称之为“福摩萨”，意为“美丽之岛”。荷兰人在1624年侵入台湾，筑热兰遮堡（中国记载称台湾城，在今安平），次年又在热兰遮堡对面赤嵌山上筑普罗文查堡（中国记载称赤嵌城，在今台南），开始在台湾建立殖民统治。

1652年，台湾发生郭怀一起义，荷兰殖民者怀疑为郑成功所策动，即对郑成功到台湾的船只严加检查，并在海上截捕郑成功的商舶。郑成功大怒，“遂刻示传令各港澳并东西夷国、州、府，不准到台湾通商。由是禁绝两年，船只不通”。1657年夏，荷兰驻台长官揆一遣通事何斌（亦作何廷斌）到厦门见郑成功，表示愿意“年输银五千两，箭柸十万枝，硫磺千担”，请求恢复通商。郑成功当时忙于北伐，遂答应恢复通商。并暗地委托何斌替他在台湾向一切进口船只货物征收商税，允许何斌从中提取一定数量作为佣金。后来何斌每年向郑成功缴纳税银18000两。1659年，何斌的行为被荷兰人发觉，他在东印度公司的职务被解除，并被判处缴纳20万元罚金。何斌遂与小通事郭平密谋，由郭平密驾小船，将鹿耳门至赤嵌城的水道探测清楚，连同荷兰人在台湾的布防情形，绘成一图，飞舟至厦门献予郑成功，并极称台湾的富庶和可取之处。郑成功正值南京大败之后，观其图，闻其言，满心豁然。只因蔡政入京和谈尚无回音，同时清朝大兵压境，也难以实行重大转移。

（二）郑成功收复台湾

1661年春，郑成功召集诸将会议，作出了进兵台湾的重大决策。并决定由郑泰、洪旭、黄廷等辅佐世子郑经留守金、厦及闽粤沿海诸岛。

1661年4月21日，郑成功亲率25000名将士，100多艘战船，离开金门，经过澎湖，在台湾同胞的协助下，冒着敌人猛烈的炮火，在台湾强行登陆。经过激烈战斗，打败了荷兰殖民者。

这个时候，荷兰殖民者为盘踞台湾，曾以每年送给郑成功几万两饷银和土产为条件，要求郑成功退兵。郑成功断然拒绝，并严正指出："台湾者，中国之土地也，今余既来索，则地当归我。"

经过郑成功对台湾城前后长达九个多月的包围，1662年1月27日，面临灭顶之灾的荷兰东印度公司台湾评议会召开了一次重要秘密会议，决定与郑成功谈判。

经过几天的协商，1662年2月1日双方正式订立条约并举行签字仪式。条约共18条，其中规定：荷兰人交出城堡和所有武器、物资，包括大炮150尊，小铳4000支，足够5个月食用的粮食和价值471500荷兰盾的金、珠、琥珀与现金；荷兰人可以携带返回巴达维亚途中所需要的米、面、酒、醋、绳索、帆布、火药、枪弹等物，以及他们私人动产、荷兰政府档案文件。此外，28名评议员每人准予随身携带200银元，另20名特别公民准予一共携带1000银元；郑方释放俘虏和捕获的四艘小艇及其附属物品；检查以后，荷兰士兵在长官的指挥下，扬旗、鸣炮、荷枪、击鼓，列队登船。

几天以后，荷兰驻台湾的最后一任长官揆一搬其辎重货物上船，率余部500余众，驾舟远去。从此，台湾结束了荷兰殖民者38年的统治，回到了祖国的怀抱。

郑成功收复台湾后，将军队分到各地去屯田垦荒。他还派农师向台湾少数民族传授汉族先进的农业技术。郑成功及其后代在台湾发展农商，提倡文教，保境安民，为台湾的开发和建设作出了卓越的贡献。

没一点省心的事儿

（一）黄梧“剿灭郑逆五策”的实施

郑成功主力大军退入台湾后，清朝采纳黄梧的“剿灭郑逆五策”，驱迫山东、江、浙、闽、粤五省沿海数千里的居民一律从海岸后撤数十里，全部实行迁界，沿海船只悉行烧毁，凡立界之处，陆地则筑墩台，溪河则树椿栅，官兵时刻巡查瞭望，寸板不许下水，粒货不许越疆。截断大陆对台湾以及金、厦诸岛的一切物资接济。为了散除郑成功的党羽，清朝还大量印刷招降的谕旨，密送予诸岛和台湾的郑氏部属，加强政治瓦解攻势。

（二）极度困境中的郑成功

清朝一系列经济封锁和政治瓦解措施，使台湾金厦诸岛的郑氏官兵

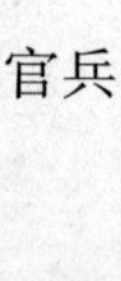

陷入了极度的困境和不安之中，留守闽粤近海各岛的郑氏官兵开始发生动摇。

当初郑成功在厦门研究进军台湾时，其手下的重要将领吴豪就曾坚决反对，其他将领也都不很愿意，表示支持的只有杨朝栋一人。舟师集齐料罗湾即将启航之际，“官兵多以过洋为难”，有很多将士逃跑。南明遗老们谴责郑成功渡海是对明室的不忠。张煌言听说郑成功大军出发，立派门客罗子迁往澎湖军前劝阻，认为郑成功“是纵偷安一时，必贻讥千古”。郑成功到台湾以后一则粮食奇缺，全军一日二餐；二则荷军炮火猛烈，郑军伤亡很大，常有士兵逃亡；三则郑成功严令留守沿海各岛将领迁眷入台，郑泰等均贪恋金、厦两岛的通洋巨利和舒适生活，一再迁延不行，后来甚至不发一船至台湾，致使海上信息隔绝。所有这些，都使郑成功变得更加焦躁和恼怒。

郑成功这时的对策就是实行严刑峻法，动不动就杀人。吴豪进入台湾后不久首先被杀，承天府首任知府杨朝栋因以小斗散粮，全家被杀。万年县首任知县祝敬本被杀，家属发配。在恢复台湾过程中起着重要作用的何斌也被杀。“于是人心惶惧，诸将解体。”

很快，总兵官林俊奇等将官 61 员和兵士 1300 余名投降了清朝。接着，留守铜山的蔡禄、郭义又率将官 108 员、兵 4400 名及其家口万余渡海降清。由于郑成功赏罚处理失当，跟随郑成功父子镇守南澳 20 余年的大将陈豹也投降了清朝。

与此同时，清廷又将郑芝龙及其子世恩、世荫并在京亲属 11 人斩于菜市口。郑成功得到凶信，擗踊痛哭，自此“中夜悲泣，居常郁悒”。他又听说清朝将福建郑氏祖坟全部挖毁，更加恨得咬牙切齿。每与诸将谈起五省迁海之事，便叹息不已地说：“吾欲留此数茎发，累及桑梓人民。”

（三）郑成功的去世

1662年6月，38岁的郑成功因为与自己远在厦门的儿子郑经怄气病死在台湾。

先是，郑成功入台时，留20岁的长子郑经在郑泰等人辅佐下坚守金、厦诸岛。郑经待人谦恭，好学善射，但严毅果敢不如其父。郑经的妻子是尚书唐显悦的孙女，夫妻感情很不谐和。郑经与郑成功四弟的乳母陈氏私通，亲如佳偶，并且于1661年生下一子，诡报侍妾所生。郑成功大喜，颁赏台湾及留守金、厦诸将士。唐显悦写信给郑成功揭穿隐秘，批评郑成功治家不正，并反问其安能治国。郑成功深受儒家正统思想熏陶，齐家、治国一向严明，一看此信，顿时气塞胸膛，立差黄毓到金门，命郑泰将郑经、陈氏、小儿及董氏一并斩首。郑泰认为董夫人和郑经不可杀，只杀了陈氏及小儿复命。郑成功不允，又解佩剑交黄毓再至金门。可郑泰仍不执行，而且把黄毓送交郑经予以监禁。郑成功见金、厦诸将拒命，气得暴跳如雷。

1662年初夏，永历政权的兵部司务林英从云南逃至台湾见郑成功，说永历帝被缅人执送吴三桂，已经被害。君主被杀，父亲被害，儿子拥兵背叛，郑成功的面前重重困难，加之清军的严重威胁，在这一切袭扰下，郑成功心境悲怆，哀愤满怀，终于病倒了。

这个时候，部下黄安对他说，世子与乳母之事也许是清朝阴谋捏造买通唐显悦写信激怒藩主，父子相残，自行消亡。郑成功觉得似乎也有可能，悔恨交加，激动得狂奔疾呼，不能自抑。

1662年6月23日，郑成功将永历帝所赐延平王的衣冠穿戴整齐，请出《明太祖祖训》，行礼毕，坐胡床，命左右进酒，每翻阅一帙，辄饮一杯，至第三帙，长叹道：“自家国飘零以来，枕戈泣血，十有六年，进退无据，罪案日增。今又屏迹遐荒，遽捐人世，忠孝两亏，死不瞑目，天乎！天乎！何使孤臣至于此极也！”顿足拊膺，大叫而死。时年 38 岁。

（四）郑经割据台湾自立

郑成功去世后，其五弟郑袭想趁机继承郑成功的王位。郑成功的儿子郑经迅速到达金门，以陈永华为咨议，参军冯锡范为侍卫，率领大军回师台湾与亲叔叔郑袭大打了一仗。结果，郑袭的军队溃败，好在郑经没有杀掉郑袭。郑经割据台湾自立的时代到来了。

郑成功去世，郑经割据台湾自立，这给了大清王朝的康熙皇帝一个很好的时机——收复台湾的大好时机。

这个大好时机，不但康熙皇帝非常清楚，就连郑成功的旧部也非常清楚——他们中的很多人纷纷选择在这个时候投降大清王朝。在这种情况下，郑成功的仇人施琅向康熙皇帝建议，派兵“进攻澎湖，直捣台湾”，使“四海归一”！康熙皇帝在这种情况下，将会何去何从呢？

四海归一

前面我们说到，就在郑成功去世、郑经割据台湾自立、郑成功的旧部纷纷投降大清王朝的时候，郑成功的仇人施琅向康熙皇帝建议，派兵“进攻澎湖，直捣台湾”，使“四海归一”。

软的不行来硬的

（一）康熙皇帝的以抚为主的对台政策

就在这个时候，康熙皇帝之所以仍然继续坚持以往的对台政策——以抚为主——希望能够和平解决台湾问题（也就是招安），原因有很多方面，主要是由以下四个方面决定的：

第一，自顾不暇，无力以武力解决台湾问题。清军入关后，面临着很多麻烦，如内部的鳌拜集团专权，外部的南明残余势力、大顺大西残余势力和割据南方的三藩势力，等等。致使一时之间自顾不暇，无力以武力解决台湾问题。

第二，双方的海军实力对比。正如《康熙王朝》中所说的那样，大清王朝的军队是陆军强大而水师薄弱。在清朝政府陆续消灭上述三股势力（南明残余势力、大顺大西残余势力和割据南方的三藩势力）、最终完成了大陆统一的过程中，手下的八旗兵和绿营兵也越来越强大；而这期间，清朝政府由于忙于大陆的统一战争，没有时间和精力建立水师。在完成大陆统一之后，国家的主要任务则是休养生息，发展水师仍然不能提上议事日程。更为重要的是，从台湾郑氏集团脱离而来的投诚者，暂时还得不到清朝政府的信任。

第三，台湾郑氏集团内部的矛盾，也为康熙皇帝坚持以抚为主的对台政策提供了便利条件。恰恰是因为台湾内部的动荡为他和平解决台湾问题提供了一个机会。

第四，康熙皇帝的几次武力攻台失败，也更加促使康熙皇帝进一步坚守以抚为主的对台政策。不过，需要注意的是，康熙皇帝的几次武力攻台失败，都和一个人有关系，这个人就是施琅。

（二）施琅两次跨海征台未果

其实，就在这种情况下，非常年轻的康熙皇帝也曾经一度动摇了以抚为主的对台政策，改为武力解决台湾问题。

1663 年，康熙皇帝任命施琅为福建水师提督，跨海征台，结果施琅没有成功。

1664 年，施琅再度建议率兵“进攻澎湖，直捣台湾”，康熙皇帝也于 1665 年封施琅为靖海将军，命其再度跨海征台，结果施琅又没有成功。

康熙皇帝以抚为主的对台政策，能够见到效果吗？台湾方面的郑经能够接受吗?

(三)一波三折的和平谈判

前面我们说过，长期以来，康熙皇帝一直坚持以抚为主的对台政策。问题在于，面对这种以抚为主的对台政策，台湾方面的郑经将会作出什么样的回答呢?

有人说大学士明珠曾经赴台湾进行谈判。历史上是否有这样的事情发生呢?

历史上的确有这样的事情发生，但是明珠本人并没有亲自前往。

对在台湾经营多年的郑氏后裔，清廷的本意力主和平统一。从1662年起，清廷与郑氏政权进行了持续22年、多达9次的谈判。其间几多波折，但无结果。

在这多达九次的谈判中，最为著名的有三次，其中两次与明珠有关。

一次是在1667年。这次与明珠没有任何关系：在这一年，清廷派总兵孔元章赴台湾议抚，答应郑经如归顺，可封“八闽王”，郑经犹豫不决，后以“和议之策不可久，先王之志不可坠”，拒绝清朝的招抚。

另一次是在1669年。这次与明珠有很大关系：这一年，康熙皇帝亲政。受康熙皇帝派遣，刑部尚书明珠前往福建主持对台湾的和议工作。明珠派知府慕天颜入台，宣示招抚之意。清廷作了重大让步，允许郑氏封藩，世守台湾。郑经则提出：“苟能照朝鲜事例，不削发，称臣纳贡，尊事大之意，则可矣。”康熙答复：“若郑经留恋台湾，不思抛弃，亦可任从其便。至于比朝鲜不剃发，愿进贡投诚之说，不便允从。朝鲜系从未所有之外国，郑经乃中国之人。”康熙不愿台湾成为独立于中国之外的国家，故谈判破裂。

此后发生三藩之乱，中原战火弥漫。郑经趁机与吴三桂、耿精忠联

合，占领厦门与漳州、泉州、潮州、惠州各地。转战数年，吴三桂失败，郑经孤军难支，又退回台湾。清廷再一次争取谈判，郑经再次要求“请照琉球、高丽外国之例”，而康熙坚决不同意，双方各持自己的立场，谈判又无结果。

还有一次是在 1681 年。长期主政台湾的郑经去世后诸子争位，郑氏家族内部矛盾激化。清政府也在这一年最后平定了三藩之乱，能够腾出手来考虑平台的问题。福建总督姚启圣上书力主乘胜收复台湾。康熙采纳大学士明珠的意见，决定对台湾郑氏先行招抚，若招抚不成再用武力。当时郑氏政权已无恢复明室的可能，只想保住在台湾割据的局面。他们在与清政府的谈判中，多次要求“不剃发”“世守台湾”。康熙皇帝在遣使与郑氏代表谈判中许诺，如郑氏归顺清朝，则可“保境息民”，仍在台湾居住，但郑氏必须成为清朝臣民，台湾是中国领土不可分割的一部分。郑氏方面显然对此没有兴趣。谈判再度破裂。

耐心等待多年均无结果之后，忍无可忍的康熙皇帝应该何去何从呢？

（四）武力攻台条件的具备

到后来，康熙皇帝终于具备了武力攻台的条件：

第一，清朝建立了水师，有了自己的海上部队，而且康熙皇帝手下的海军完全超越了台湾方面的实力；第二，智擒了鳌拜，内政统一了，中央集权得到了巩固；第三，平定了三藩，祖国大陆得到了统一；第四，台湾方面的郑经在 1681 年病死了，台湾开始了新的一轮混乱。

至此，康熙皇帝终于能够腾出精力来用武力对付台湾了。

问题在于，武力对付台湾，需要一个得心应手的将领。康熙皇帝会再度起用曾经两次战败的降将施琅吗？

（五）康熙皇帝对施琅态度的变化

其实，康熙皇帝一开始也不相信施琅。满朝的文武大臣也大部分不相信施琅。

尤其是在施琅两次征战台湾失败之后，在群臣的弹劾下，对施琅非常生气的康熙皇帝下令：免去施琅的福建水师提督的职务，改授内大臣。从此以后，两次归降大清王朝、又两次跨海征台失败的施琅更加失去了康熙君臣的信任。在内大臣任上，施琅一等就是 13 年。

只是后来有人以全家百十来口人的身家性命担保，康熙皇帝才暂且相信施琅，把攻占台湾的任务全权交给他。这个人是谁呢？这个人就是姚启圣。

坏人坏到骨子里

（一）施琅的恩人姚启圣

姚启圣，浙江会稽（今浙江绍兴）人，字熙止，号忧庵。姚启圣在 1663 年——也就是康熙二年才考中进士，之后开始担任广东香山县令，是一个七品芝麻官。1667 年姚启圣跃升为福建总督。前后才四年多一点儿的时间，从县令到总督，官越做越大。

1669 年，姚启圣被康熙皇帝革职且永不录用。原因既不是他追随鳌拜，也不是他看不起满人，而是他违背中央政策，“擅开海禁”。

被革职后的姚启圣在浙江沿海一带以经商为业。1673 年，三藩之乱开始后，姚启圣变卖家产，招募壮兵，投赴康亲王杰书军前效力。姚启圣因功被再度起用为福建总督。

不过，施琅的确是姚启圣推荐的。经过姚启圣的多次力荐，并愿以家百口担保，康熙皇帝才任命施琅出任福建水师提督。

姚启圣在再度担任福建总督后，招抚了大量台湾郑氏集团的兵将降清，还在最为关键的时刻挺身而出，极力推荐，并愿以家人百口担保，康熙皇帝终于任命施琅出任福建水师提督且担任攻台主帅。

尽管姚启圣有恩于施琅，但是施琅却对不起推荐他的姚启圣。这是怎么一回事儿呢?

（二）以怨报德的施琅

姚启圣、施琅都以收得台湾为己任，作为建立盖世之功的绝好机会，这本无可厚非。但随着征台日期的日益临近，总督、提督两人的矛盾也越发明显。

先是施琅以姚启圣不熟悉水性为由，屡次奏请由他一人率军“专征”，不需要总督同他并肩作战。这令姚启圣大感意外。

此后，两人在攻台时间、风向上更是相持不下。

为此，紫禁城里的康熙皇帝不得不频发谕旨，让两人和衷共济，共赴王事。

施琅在京师时，与大学士明珠友善。因此，施琅通过各种方法，获取明珠对他的支持。对平台的人事安排，康熙一向重视福建籍官员李光地的意见。当康熙皇帝征询李光地的意见时，李光地也明确表示支持自己的同乡施琅“专征”台湾。康熙二十一年（1682年）十月，经议政大臣会议，康熙正式下旨令施琅“专征”台湾。此时的姚启圣虽为失去亲征台湾的机会而痛心不已，但他仍以大局为重，督运粮饷，甚至将妻妾首饰捐出，以激励将士。

施琅因收复台湾，被封靖海侯，世袭罔替。而姚启圣却受到不公正待遇。施琅几次密报姚启圣的“阴事”，当康熙的侍卫吴奇爵了解情况时，又得到姚的“一点儿阴私事”，因此姚启圣不断受到康熙的指责。收复台湾四个月后，姚启圣在极度的愤懑中疽发而亡。卒时已无任何积蓄，诸子只好卖田将他安葬。

终于做对了一件事

1683 年 7 月 8 日，施琅率领水兵 2 万余人，大型战船 300 余艘，中小战船 230 余艘，从今福建东山扬帆起程，锋芒直指台湾的战略前哨澎湖列岛。

（一）施琅一举占领澎湖列岛

施琅出兵台湾选择了一个最恰当的时机：郑经死后，郑氏家族内部纷争不断，新继王位的郑克塽无力控制局面；由于农历六月间是台湾海峡飓风盛行之时，施琅前两次渡海攻台就因飓风半途而废，因此，台军主将刘国轩断定清军不会在此时冒险渡海，对清军的进攻毫无防备。

鉴于以往的教训，施琅把选择出兵的季节、时间、风向等条件作为一件大事，派专人查阅气候资料并进行了海情和风向、风力的实地观测。攻台之前，清军制订了详细的作战计划，但在选择北风还是南风的风向出兵这个关键问题上，军内存在不同意见。施琅认为，台湾地区高温多雨，特别是在偏南风向下，风速和缓顺畅，因而有利于舟师横渡海峡。他多次向康熙皇帝上书陈述自己的意见，就南风和北风对航海军事的影响优劣作了比较。他说：“乘夏至南风成信，当即进发捣巢。盖北风刚硬，骤发骤息，

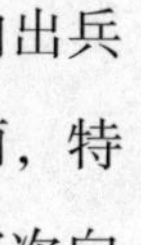

非常不准，难以预料；南风柔和，波浪颇恬，故用南风破贼，甚为稳当。”他的理由最终说服了康熙皇帝和其他将领。

施琅把平台的首选目标定在澎湖是有原因的。台湾本岛地域狭窄，缺乏战略纵深，澎湖就成为其外围防御的唯一屏障。台军主帅刘国轩也认识到了这一点，将台军主力悉数摆在澎湖，并建立了坚固的防御工事，还在妈宫、风木匝尾、西屿头、牛心湾等要冲地点加筑炮城 14 座，沿海筑造高墙深沟 20 余里，安设铳炮，准备与清军决战。面对台军的严防死守，施琅采取了灵活的作战方针，将清军分为三路，以左、右两翼牵制敌人，主力居中直捣敌阵船队。

7 月 9 日，清军到达今澎湖望安岛。从 10 日起，清军向澎湖岛台军发起攻击。清水军迅速利用有利的西南风向条件，使用“五点梅花阵”，用多艘战船围攻台军一艘，集中兵力作战。“炮火矢石交攻，有如雨点，烟焰蔽天，咫尺莫辨。”清先锋蓝理率七船冲入台军中，共击沉、焚毁郑氏船只 14 艘，焚杀郑氏官兵两千余人。这时的刘国轩却把胜利希望完全寄托在飓风上，因而几次错失了主动出击的良机。澎湖一战，清军先后焚毁、击沉和俘获台军大小船只近两百艘，杀死台军将领、头目 300 余名，士兵 12000 余名，另有 165 员将领和 4800 名士兵倒戈投降。刘国轩仰仗熟悉地形，从水浅礁险的吼门岛屿趁水涨风顺之时，带领 31 艘小船逃回台湾。此役，清军阵亡官兵 329 人，负伤 1800 余人，船只毫无损失。

（二）台湾岛的归附

施琅一战定澎湖，歼灭了台军精锐部队，打开了台湾岛的门户，郑氏败局已定，岛内人心大振。施琅获胜后并不急于继续进攻，而是在澎湖“抚绥地方，人民乐业，鸡犬不惊”，甚至派人捞救跳水未死的台军官兵，使得台湾、澎湖军民“莫不感泣，愿内向”。与此同时，施琅建议朝廷

“颁赦招抚”郑氏，以争取和平统一台湾，使台湾百姓免去刀兵之灾。康熙皇帝也同意施琅的招抚政策。郑克塽、刘国轩见施琅“无屠戮意”，也愿意归顺。

7月31日，郑克塽派人到澎湖施琅军前请降，要求仍居台湾，“承祀祖先，照管物业”。但施琅拒绝了他们的要求。

8月13日，施琅率领舟师到达台湾，刘国轩等带领文武官员军前迎接，各乡社百姓亦沿途“壶浆迎师”，台湾终于实现了和平统一。9月17日，郑克塽等递送了正式的降书，并缴纳了延平王等册印。10月3日，施琅亲往台湾，接受了郑氏的归降。从1662年上书请求收复台湾，至1683年统一台湾，前后共计20余年。

施琅到台湾后，果然不计前嫌，冷静处理国事与家仇的关系，不但没有诛杀一人，而且还到郑成功庙祭拜，肯定了郑成功开发台湾的贡献，与郑克塽等人“握手开诚，矢不宿怨”。他疏请减轻台民的赋税负担，妥善安置归降的郑氏官兵。

1683年中秋佳节，康熙皇帝召见了平定台湾得胜归来的施琅，“解所御龙袍敕赐，亲制褒章嘉许”，并封施琅为靖海侯，世袭罔替，令其永镇福建水师，“锁钥天南”，并特准在澎湖大山屿妈宫城内及台南城内样仔林街建生祠，称为“施将军祠”。

生死两冤家，去留一台湾

（一）争论的起源

施琅收复台湾后，在清廷内部产生了一场对台湾的弃留之争。以李光地为代表的许多大臣对台湾的战略地位缺乏认识，竟然认为“日费天府金钱于无益，不若徙其人而空其地”。大臣中主张守台者只有姚启圣和施琅等少数人。

（二）施琅的绝世妙文《恭陈台湾弃留疏》

施琅于1684年年初上《恭陈台湾弃留疏》。在这篇文章中，施琅强调台湾“实肥饶之区、险阻之域”，“乃江浙闽粤四省之左护”。去留之际，利害攸关；善后之计，尤宜周详。主张统辖台湾，巩固边防，维护统一，防止外来侵略。其主要理由是：

第一，“窃照台湾地方，北连吴会，南接粤峤，延袤数千里，山川峻峭，港道迂回，乃江、浙、闽、粤四省之左护”；数十年来，郑氏集团，“盘踞其地，纠集亡命，挟诱土番，荼毒海疆，窥伺南北，侵犯江浙。”如今郑克塽等，“怀圣德，纳土归命；此诚天以未辟之方舆，资皇上东南之保障，永绝边海之祸患，岂人力所能致？”

第二，“臣奉旨征讨，亲历其地，备见野沃土膏，物产利溥，耕桑并耦，鱼盐滋生，满山皆属茂树，遍处俱植修竹。硫磺、水藤、糖蔗、鹿皮，以及一切日用之需，无所不有。向之所少者布帛耳，兹则木棉盛出，经织不乏。且舟帆四达，丝缕踵至，饬禁虽严，终难杜绝。实肥饶之区，险阻之域。”

“夫地方既入版图，土番、人民均属赤子。善后之计，尤宜周详。此地若弃为荒陬，复置度外，则今台湾人居稠密，户口繁息，农工商贾，各遂其生；一行徙弃，安土重迁，失业流离，殊费经营，实非长策，况以有限之船，渡无限之民，非阅数年难以报竣。使渡载不尽，苟且塞责，则该地之深山穷谷，窜伏潜匿者，实繁有徒，和同土番，从而啸聚，假以内地之逃军闪民，急则走险，纠党为祟，造舟制器，剽掠滨海，此所谓借寇兵而赍盗粮，固昭然较著者。”

第三，崇祯初“红毛（指荷兰）遂联络土番，招纳内地人民，成一海外之国，渐作边患”。如今，他们仍然“无时不在涎贪，亦必乘隙以图。一为红毛所有，则彼性狡黠所到之处，善能鼓动惑人心。重以夹板船只，精壮坚大，从来乃海外所不敌。未有土地可以托足，尚无伎俩；若以此既得数千里之膏腴复付依泊，必合党伙窃窥边场，迫近门庭。此乃种祸后来，沿海诸省，断难晏然无虞。至时复勤师远征，两涉大洋，波涛不测，恐未易再建成效”。

第四，“如仅守澎湖，而弃台湾，则澎湖孤悬汪洋之中，土地单薄，界于台湾，远隔金厦，岂不受制于彼而能一朝居哉？是守台湾则所以固澎湖。台湾、澎湖，一守兼之。沿边水师，汛防严密，各相犄角，声气关通，应援易及，可以宁息。”

第五，“盖筹天下之形势，必求万全。台湾一地，虽属外岛，实关四省之要害。勿谓彼中耕种，尤能少资兵食，固当议留；即为不毛荒壤，必藉内地挽运，亦断乎其不可弃。唯去留之际，利害攸系，恐有知而不言。如我朝兵力，比于前代，何等强盛，当时封疆大臣，无经国远猷，矢志图贼，狃于目前苟安为计，画迁五省边地以避寇患，致贼势愈炽而民生颠沛。往事不臧，祸延及今，重遗朝廷宵吁之忧。臣仰荷洪恩天高地厚，行年六十有余，衰老浮生，频虑报称末由。熟审该地形势，而不敢不言。盖臣今日知而不言，至于后来，万或滋蔓难图，窃恐皇上责臣以缄默之罪，臣又焉所自逭！故当此地方削平，定计去留，莫敢担承，臣思弃之必酿成大祸，留之诚永固边圉！”

第六，根据以上分析，施琅提请“台湾设总兵一员、水师副将一员、陆师参将二员，兵八千名；澎湖设水师副将一员，兵二千名。通共计兵一万名，足以固守，又无添兵增饷之费。其防守总兵、副、参、游等官，定以三年或二年转升内地，无致久任，永为成例。在我皇上优爵重禄、推心置腹，大小将弁，谁不勉励竭忠。然当此地方初辟，该地正赋、杂饷，殊宜蠲豁。见在一万之兵食，权行全给；三年后开征，可以佐需。抑亦寓兵于农，亦能济用，可以减省，无庸尽资内地之转输也。”

（三）台湾府的设置

施琅的远见卓识为康熙皇帝对台湾作出正确决策起到了非常重要的作用。1684 年 2 月，大学士李霨、王熙在回奏时支持施琅的主张。同时，侍郎苏拜和都察院左都御史赵麟也上疏赞同施琅的见解。至此，康熙皇帝明确地说道:“台湾弃取，所关甚大”，“弃而不守，尤为不可！”

1684 年 5 月，清政府决定在台湾设立隶属福建的台湾府和凤山、台湾、诸罗三县，派官驻军，置巡道、总兵各一员，副将一员，参将二员，兵八千；澎湖设副将一员，兵二千，镇守其地。自此，在台湾的汉族、高山族人民完全归属于清政府的管辖，高山族则成为这个多民族封建国家的重要组成部分。台湾的汉族、高山族人民的友好往来进入一个新的、迅速发展的历史时期，他们的行动有力地促进了台湾经济、文化领域和两岸关系的发展。

（四）施琅之死

1696 年，施琅卒于住所，葬于福建惠安。闽中士绅军民闻其逝，“皆巷哭。群立祠，岁时祀之”。1697 年，施将军庙建在妈宫澳东街。1843 年，更名为“施公祠”。

已故著名明清史专家傅衣凌先生曾指出:“郑成功的复台和施琅的复台虽各有具体原因，但是都隐藏着中华民族的大义”；“两人的处境不同，征台的出发点不同，但是他们对台湾战略地位的重要性却有同样的认识，都

1684年5月
清政府决定
在**台湾**设立隶
属福建的**台湾**府和
凤山、台湾、诸罗三县。

纪连海语录

这个大好时机，不但康熙皇帝非常清楚，就连郑成功的旧部也非常清楚——他们中的很多人纷纷选择在这个时候投降大清王朝。在这种情况下，郑成功的仇人施琅向康熙皇帝建议，派兵『进攻澎湖，直捣台湾』，使『四海归一』！

坚定地主张保卫台湾。从他们两人对台湾的认识来说，我们说施琅不是郑成功的叛徒，而是他的继承者。”

在施琅的故乡福建省晋江市施琅纪念馆中，有这样一副对联：“平台千古，复台千古；郑氏一人，施氏一人。”这是对郑成功和施琅功绩客观且完美的写照。

第五章 三打噶尔丹

噶尔丹叛乱

又总结出一项功绩

前面我们介绍了康熙皇帝一生中的第三大功绩：收复台湾。从本节开始，我们来介绍一下康熙皇帝一生中的第四大功绩：平定准噶尔部贵族噶尔丹的叛乱。

由前面的叙述，我们可以看出，不管是平定三藩之乱也好，还是收复台湾也罢，这些统统都不需要康熙皇帝亲自出马。

可是，为什么一个小小的噶尔丹，却惊动了圣驾，引来了康熙皇帝的三次亲征呢?

由此，我们可以判断出，这个噶尔丹绝对不是个普通的叛乱者；由此，我们还可以判断出，噶尔丹的这次叛乱，对于整个大清王朝来说，应该是其建国以来从来没有遇到过的大敌人。

蒙古族的分布

我们知道，在明末清初的时候，蒙古族分为三大部分：漠南蒙古（今内蒙古地区），漠北喀尔喀蒙古（今蒙古国），漠西厄鲁特蒙古（今新疆天山以北一带）。

漠西厄鲁特蒙古又分为四大部落，即和硕特（游牧于今新疆乌鲁木齐地区）、准噶尔（游牧于今伊犁河流域）、土尔扈特（游牧于今新疆塔城地区）和杜尔伯特（游牧于今额尔齐斯河流域）。四部中，准噶尔部势力最强，先后兼并了厄鲁特蒙古各部，逐步控制了整个天山南北地区。

在上述蒙古族三大部分当中，除了漠南蒙古早已归属清朝外，其他两部也都臣服了清朝。准噶尔部统治整个厄鲁特蒙古后，与清政府仍然保持着地方与中央的隶属关系。准噶尔部首领每两年都要向清政府遣使“朝贡”。清政府也赐予了大量财物给他们。

可真不是凡人

（ ）噶尔丹可真不是个凡人

有个问题，噶尔丹到底是什么人？为什么噶尔丹一上台就改变了政策呢？

说来话长，这个噶尔丹，他还真的不是凡人。在喇嘛教的僧众当中，他是一个活佛。

说起活佛来，我们首先就要知道，在藏传佛教当中，有三个大活佛：达赖喇嘛——主管前藏事务；班禅额尔德尼——主管后藏和青海事务；哲布尊丹巴——主管蒙古和新疆地区事务。

这个噶尔丹不但是个活佛，还是在西藏长大的活佛。

（二）噶尔丹的出生——温萨活佛转世

噶尔丹，出生于1644年，他的父亲是巴图尔珲，他的哥哥是僧格。

在噶尔丹出生之前的1643年，西藏格鲁派的高僧温萨活佛罗卜藏丹津札木措曾向噶尔丹的母亲玉姆许诺，他死后将在她的胎里转世。

这个温萨活佛罗卜藏丹津札木措是历史上的第三个温萨活佛。他是第四世班禅博克多罗卜藏确吉坚赞的师父。

结果呢，在温萨活佛去世的第二年，玉姆夫人恰巧生下了噶尔丹。因此，噶尔丹被卫拉特人和格鲁派集团指认为温萨活佛的转世。

因此，噶尔丹从很小的时候，就被西藏格鲁派的僧众接往西藏。1652年，年仅8岁的噶尔丹开始以“温萨活佛”的名义，向清朝皇帝派遣使团了。

（三）达赖和班禅共同的学生噶尔丹

1656年春，12岁的噶尔丹在拉萨谒见达赖喇嘛后，去札什伦布寺拜四世班禅博克多罗卜藏确吉坚赞为师接受佛学教育。1662年，四世班禅圆寂后，噶尔丹又到拉萨达赖喇嘛门下学习。达赖喇嘛对他特别精心地加以培养，并给予了很高礼遇。噶尔丹在拉萨还有自己的“温萨寺”，通过布施也能获得可观的财产。

这一切都得益于达赖喇嘛的庇护和培养。由于噶尔丹表现出色、学有所成，因而颇受五世达赖赏识。

1666年冬，在西藏生活多年的噶尔丹回到准噶尔，成为整个漠西厄鲁特蒙古宗教地位最高、学识最渊博的活佛。

问题在于，噶尔丹在西藏生活、学习得好好的，为什么要回去呢？噶尔丹是否肩负着什么秘密的使命呢？

（四）回到准噶尔的噶尔丹

根据五世达赖喇嘛的记载：

> 临动身时，我又亲手交给他一串珍珠念珠，并详尽地吩咐了如何为佛法服务等眼前与长远的利害得失等事。我以赐座、派人护送等方式对温萨活佛表示嘉奖，他把在札什伦布新建的一座住宅赠给了我，我高兴地接受了。

这段记载告诉我们，噶尔丹的回家是一次长期离别。达赖喇嘛详尽地吩咐他为佛法服务的“眼前与长远的利害得失等事”；噶尔丹竟把札什伦布的住宅赠给了达赖喇嘛。

问题在于，噶尔丹又如何成了准噶尔部的首领呢？

（五）成为准噶尔部首领的噶尔丹

话要从1670年秋天说起。

此前，准噶尔部的首领实际上是噶尔丹的哥哥僧格。噶尔丹于1666年回到了准噶尔，1670年秋，准噶尔部就发生了军事政变。噶尔丹的哥哥僧格被其同父异母的哥哥——车臣汗所暗杀。

当时的形势非常危急——准噶尔内部大乱，在这种情况下，僧格的胞弟噶尔丹——他是活佛——得知这件事后，迅速采取了应对措施——他担负起了这个责任，率领几个人登高一呼，转眼之间准噶尔的形势就被完全扭转了。

这个时候的噶尔丹，他真的很好地利用了他的活佛身份。当时有一场战役，在阿尔泰，他自己带领20个人遇到了对方7个大汗及其手下几万人的围攻，他往那儿一站，下令20个人杀向敌阵，当时这几万人立马全都趴下了，不是死了——是投降了。

您想想，一活佛奔我们过来了，我们还不赶快放下屠刀，立地成佛？那个时候，人们其实只要有一种信仰，不管是不是迷信，他都会非常崇信。

然后，噶尔丹招集了僧格的逃散部众千余骑，击败叛乱者，获得胜利。

在这种情况下，噶尔丹建立了在准噶尔部的领袖地位。

（六）噶尔丹转败为胜的原因分析

噶尔丹既无领地又无军队，为何就能打败强大的敌人呢?

第一，噶尔丹身为温萨活佛的转世，曾在西藏学经十年，并以达赖喇嘛为自己的强大后盾。这种特殊身份使噶尔丹在准噶尔人的心目中获得了“神”的地位。当僧格遇害，其部众无主，不知所附，噶尔丹突然出现时，“众审视惊喜，下马罗拜为神”。不仅僧格的旧属，就连对手的部众也是如此。在阿尔泰之战中，噶尔丹“身率二十骑先登，呼声震天地。遇七清汗，人其军，手缚之，左右皆走散，莫敢当，皆大惊以为神，弃弓矢，下马趋拜降”。

第二，噶尔丹为僧格之胞弟，在僧格遇害以前一直支持他的内外政策，可以说噶尔丹是僧格的政治同盟者。因此，噶尔丹在准噶尔部众中有很高的地位和信任度。这是他能够迅速将僧格旧属召集于自己身边的重要原因之一。

第三，噶尔丹的超人的胆略和卓越的军事才华在战胜对手的过程中起了至关重要的作用。

然而，噶尔丹为什么又与大清王朝发生了尖锐的冲突呢?

西北一孤狼

（一）噶尔丹来过北京吗

噶尔丹没来过北京。等噶尔丹死后，噶尔丹的人头来过北京。他活着的时候没来过北京。

为什么从来没来过北京呢?

因为他的任务太重了。那个时候——1672 年上半年，噶尔丹正式放弃温萨活佛这一黄教名僧身份，还俗归政成为准噶尔部首领，号珲台吉，专心致力于整个蒙古部落的三大部落的统一。

（二）噶尔丹企图统一蒙古各部

噶尔丹在夺得了准噶尔部的统治权后，于 1678 年统一了整个漠西厄鲁特蒙古，还出兵南疆，把广大维吾尔族人民——当时称为“回部”——置于其统治之下。五世达赖派特使赐噶尔丹“丹津博硕克图汗”称号，并赐给噶尔丹印敕。

1686 年，漠北喀尔喀蒙古扎萨克图和土谢图两大部内讧不断，清朝政府和西藏五世达赖喇嘛派出使者共同调解。有着统一整个蒙古雄心的噶尔丹认为这是他插手喀尔喀事务的机会，便一方面拉拢较弱的扎萨克图汗与自己结盟，破坏清朝的调解；另一方面指责哲布尊丹巴呼图克图把自己的地位居于达赖喇嘛之上，是“大为非礼”，为自己的东征创造借口。

1688年，正当蒙古族人民英勇抗击戈洛文率领的沙俄侵略军的时候，噶尔丹突然大举进攻土谢图汗，从背后向喀尔喀蒙古军民施放暗箭，迫使喀尔喀蒙古诸部南迁。1690年6月，噶尔丹以为有俄国的支持，便有恃无恐，以追击喀尔喀为名，又向漠南喀尔喀蒙古进攻，俘掠人口，抢劫牲畜。他还公然向康熙皇帝提出“圣上君南方，我掌北方”的分裂主义要求，妄图把整个中国北部置于他的统治之下。

为什么这个时候的噶尔丹能够从容不迫地扩充实力？为什么康熙皇帝没有能够及时阻止噶尔丹的阴谋呢？说来话长。

（三）噶尔丹的支持者——沙皇俄国

就在这个时候，沙俄也在侵略中国领土，他们侵略中国的时间，正好是从康熙皇帝平定三藩之乱之前到康熙皇帝平定噶尔丹叛乱之后。

这个时候，清军大军入关以后，东北人就很少了，只有三五万人。那么这三五万人怎么能够守得住整个东北100多万平方公里的领土呢？所以在这个时候沙俄大举入侵，占领了我国东北大片领土。

而这个时候的康熙皇帝呢，直到解决完了台湾问题之后，才腾出手来，打了两次雅克萨自卫反击战——清朝打赢了这两次战争。

之后，就是双方进行谈判。俄国人没有从战场上得到胜利果实，所以他们把兵马借给了噶尔丹。在这个时候噶尔丹认为自己有俄国人撑腰，扬言借了俄罗斯鸟枪兵六万，向康熙提出“圣上君南方，我掌北方”的要求。

（四）异常强大的噶尔丹

咱们再看看噶尔丹的地盘到底有多大？

当时的新疆——可不是160万平方公里，还要加上后来割出去的40

多万平方公里——一共是200多万平方公里；加上整个外蒙，当时的外蒙也不是160万平方公里，而是有260万平方公里；更有甚者，这个时期的西藏达赖喇嘛已经岁数很大了，他已不管政事，把权力下放给自己手下的人了，这个人与噶尔丹勾结在了一起，这就等于噶尔丹变相地在控制着西藏、青海、四川西部的广大地区——又是240万平方公里。

上述共计约700万平方公里的领土，当时的中国领土1400多万平方公里，噶尔丹占了整整1/2的中国领土。

想一想，康熙皇帝面临着这样一个经济、军事实力异常雄厚的对手；精神上，对手又是个活佛转世。康熙皇帝，他不亲征，行吗？

（五）噶尔丹的妻子蓝齐儿考证

说到噶尔丹身边的女人，有人说，康熙皇帝面对着噶尔丹的大举攻势，一开始采取了怀柔政策：把自己和荣妃所生的唯一的一个女儿蓝齐儿嫁给了噶尔丹；而且噶尔丹很爱蓝齐儿；噶尔丹和蓝齐儿生活得还挺幸福的；他们还生了一个孩子——阿密达。

问题在于，在历史上，真有这段联姻吗？

绝对没有！

不过，在历史上，康熙皇帝还真有个荣妃，这个荣妃的娘家为马佳氏。她为康熙皇帝生了五个儿子、一个女儿：其中前四个儿子都早殇，活下来的只有胤祉，她的女儿长大后下嫁给了乌尔衮。

（六）噶尔丹失败的一个伏笔

就在这一时期，噶尔丹做了一件特别糟糕的事情，为他的最后失败埋下了伏笔。

正当噶尔丹的军队大踏步地向东进发的时候，他的后院起火了。

噶尔丹本来是把他的后方基地交给了他的侄子策妄阿拉布坦——他很相信策妄阿拉布坦。但是，就在这个时候，有人给他的侄子策妄阿拉布坦造谣，说你最重要的那个侄子策妄阿拉布坦要趁你进攻之机收拾你的后院——他也想当准噶尔王。结果噶尔丹回师准噶尔，杀掉了他的侄子策妄阿拉布坦的亲弟弟，而没有杀掉策妄阿拉布坦本人！但是，噶尔丹还抢了策妄阿拉布坦的未婚妻做自己的老婆！

结果，策妄阿拉布坦与自己父亲的七位旧臣率领5000部众逃到博尔塔拉，噶尔丹仓促之间率2000军队追击被击败。从此，策妄阿拉布坦在博尔塔拉另立准噶尔中心，与噶尔丹分庭抗礼。从此，策妄阿拉布坦天天与噶尔丹作战——你一向前进攻清朝，我就在后面打你。所以就造成了噶尔丹被内外夹击的情况。

不可一世的噶尔丹在这个时候终于内部出现问题了，这也就为后面康熙皇帝亲征噶尔丹留下了点儿胜利的种子。

前面我们说到了，噶尔丹真的是太猖狂了，他占据了700多万平方公里的中国版图，而且公然向康熙皇帝提出“圣上君南方，我掌北方”的分裂主义要求。

这个时候，康熙皇帝终于要亲征了。历史上康熙皇帝共三次亲征噶尔丹。

第一次亲征，让老狐狸溜了

（一）康熙皇帝第一次亲征噶尔丹的背景

康熙皇帝第一次亲征噶尔丹，是在1690年。这一年，沙俄政府在侵略中国东北地区失败后，被迫签订《尼布楚条约》。关于这个方面的问题，我们后面会讲到。这里，单说沙俄政府不甘心失败的命运，唆使准噶尔部首领噶尔丹进攻漠北蒙古。

与此同时，康熙皇帝派使者到噶尔丹那里，让他把侵占的地方还给漠北蒙古。噶尔丹自以为有沙俄撑腰，十分骄横，不但不肯退兵，还以追击漠北蒙古为名，大举进犯漠南。并且公然向康熙皇帝提出“圣上君南方，我掌北方”的分裂主义要求。

这个时候，康熙皇帝召集大臣宣布他决定亲征噶尔丹。他认为，噶尔丹气势汹汹，野心不小，既然打进来，非反击不可。

（二）乌兰布通战役

1690 年，康熙皇帝分兵两路：左路由自己的二哥、抚远大将军福全率领，出古北口；右路由自己的五弟、安北大将军常宁率领，出喜峰口，康熙皇帝亲自带兵在后面指挥。

左路清军在福全的率领下，先接触噶尔丹军，打了败仗。噶尔丹长驱直入，一直打到离北京只有 700 里的乌兰布通（今内蒙古昭乌达盟克什克腾旗）。噶尔丹得意扬扬，还派使者向清军要求交出他们的仇人。

康熙皇帝命令福全反击。噶尔丹把几万骑兵集中在大红山下，后面有树林掩护，前面又有河流阻挡。他把上万只骆驼缚住四脚躺在地上，驼背上加上箱子，用湿毡毯裹住，摆成长长的一个驼城。叛军就在那箱垛中间射箭放枪，阻止清军进攻。

清军用火炮火枪对准驼城的一段集中轰击，炮声隆隆，响得震天动地。驼城被打开了缺口。清军的步兵骑兵一起冲杀过去，福全又派兵绕到山后夹击，把叛军杀得七零八落，纷纷丢了营寨逃走。

噶尔丹一看形势不利，赶快派个喇嘛到清营求和。福全一面停止追击，一面派人向康熙皇帝请示。康熙皇帝下令说：“快进军追击！别中了贼人的诡计。”果然，噶尔丹求和只是缓兵之计，等清军奉命追击的时候，噶尔丹已经带了残兵逃到漠北去了。

问题在于，这次康熙皇帝亲征是不是真的功亏一篑了呢？

（三）康熙皇帝第一次亲征噶尔丹的收获

的确，这次康熙皇帝亲征的确是功亏一篑了。

不过，这次康熙皇帝亲征，收获还是蛮大的——最主要的收获是：这次亲征之后，康熙皇帝成功地撮合了漠北喀尔喀蒙古四部的团结。

这是怎么一回事儿呢？

其实我们知道，漠北喀尔喀蒙古四部之所以在与噶尔丹的较量中战败，最主要的原因是他们不团结。这一点康熙皇帝是深有感触的。

所以，康熙皇帝借着这次击败噶尔丹取得胜利之机，于1691年夏亲赴塞外，主持漠北喀尔喀蒙古四部的多伦诺尔（今内蒙古锡林郭勒盟多伦）会盟。

会盟开始，漠北喀尔喀蒙古四部的首领土谢图汗、哲布尊丹巴呼图克图、扎萨克图汗沙喇弟策妄扎布及车臣汗坐在第一排，其余按次序入座。

蒙古王公贵族由理藩院官员引领晋谒康熙。康熙对土谢图汗擅杀扎萨克图汗沙喇，引起喀尔喀蒙古内部纠纷，给噶尔丹以可乘之机的过失加以申斥，让他领罪。然后康熙说，如此盛大的盟会，要是对土谢图汁处以重罪，实在于心不忍。康熙当众宣布赦免土谢图汗之罪。

喀尔喀贵族700余名、哲布尊丹巴辖下喇嘛600余名，齐向康熙皇帝行三跪九叩大礼。康熙皇帝在大蒙古包内正式接受全体喀尔喀蒙古贵族的臣服，并编喀尔喀蒙古为49旗，封喀尔喀蒙古贵族为亲王、郡王、贝勒、公、台吉等。

然后，又举行盛大的阅兵典礼，列阵10里，吹角鸣炮，众呼前进，声动草原。康熙皇帝亲自骑马弯射，技艺精湛，令蒙古部众心悦诚服。

这样，康熙皇帝通过召见、训谕、赦免、封爵、检阅、较射、会盟、宴赏和修庙等举措，使喀尔喀蒙古出现冰释前嫌、辑睦安居、气氛和谐的局面，实现了喀尔喀蒙古内部的重新统一。

经过七天的多伦诺尔会盟，漠北喀尔喀蒙古完全臣服清朝，加强了中央对漠北喀尔喀蒙古的统一管辖。

问题在于，经过了多伦诺尔会盟之后，大清王朝、漠南蒙古、漠北蒙古已经达到了新的团结和统一。噶尔丹还敢再度来犯吗？

第二次亲征，老狐狸又跑了

（一）不知道天高地厚的噶尔丹

您还别说，噶尔丹这个人还真有些不知道天高地厚。

回到漠北以后，噶尔丹表面上向清朝政府表示屈服，暗地里却重新招兵买马。1694 年，康熙皇帝约噶尔丹会见，订立盟约。噶尔丹不但不来，还暗地派人到漠南煽动叛乱。他扬言他们已经向沙俄政府借到鸟枪兵六万，将大举进攻。内蒙古各部亲王纷纷向康熙皇帝告发。

（二）康熙皇帝第二次亲征噶尔丹

1696 年，康熙皇帝决定第二次亲征噶尔丹。这一次，康熙皇帝决定分三路出击：黑龙江将军萨布素从东路进兵；大将军费扬古率陕西、甘肃的兵，从西路出兵，截击噶尔丹的后路；康熙皇帝亲自带中路军，从独石口出发。三路大军约定时间夹攻。

康熙皇帝的中路军到了科图，遇到了敌军前锋，但东西两路还没有到

1696年康熙皇帝
决定第二次亲征
噶尔丹。

纪连海语录

前面我们说到了，噶尔丹真的是太猖狂了，他占据了 700 多万平方公里的中国版图，而且公然向康熙皇帝提出『圣上君南方，我掌北方』的分裂主义要求。这个时候，康熙皇帝终于要亲征了。

达，这时候，有人传说沙俄将要出兵帮助噶尔丹。随行的一些大臣就有点儿害怕起来，劝康熙皇帝班师回北京。康熙皇帝气愤地说：“我这次出征，没有见到叛贼就退兵，怎么向天下人交代；再说，我中路一退，叛军全力对付西路，西路不是危险了吗？”当下，康熙皇帝决定继续进兵克鲁伦河，并且派使者去见噶尔丹，告诉他康熙皇帝亲征的消息。噶尔丹在山头一望，见到康熙皇帝黄旗飘扬，军容整齐，连夜拔营撤退——跑了。

康熙皇帝一面派兵追击，一面赶快通知西路军大将费扬古，让他们在半路上截击。

（三）昭莫多战役

噶尔丹带兵奔走了五天五夜，到了昭莫多（在今蒙古乌兰巴托东南）正好遇到费扬古军。昭莫多原是一座大树林，前面有一块开阔地带，历来是漠北的战场。费扬古按照康熙皇帝的部署，在小山树林茂密的地方设下埋伏，先派先锋 400 人诱战，边战边退，把叛军引到预先埋伏的地方，清军先下马步战，听到号角声起，就一跃上马，占据了山顶。叛军向山顶进攻，清军从山顶放箭发枪，展开了一场激战。费扬古又派出一支人马在山下袭击叛军辎重，前后夹击。叛军死的死，降的降。最后，噶尔丹只带了几十名骑兵脱逃。

这次康熙皇帝的亲征是不是又功亏一篑了呢？

这次康熙皇帝还是没有抓到噶尔丹。不过，噶尔丹也只是多活了一年而已。

第三次亲征，老狐狸死了

（一）康熙皇帝第三次亲征噶尔丹

经过两次大战，噶尔丹叛乱集团土崩瓦解，康熙皇帝让噶尔丹投降，但是噶尔丹仍继续顽抗。

1697年，康熙皇帝再度带兵渡过黄河亲征。这时候，噶尔丹原来的根据地伊犁已经被他侄儿策妄阿拉布坦占领；他的左右亲信听说清军来到，也纷纷投降，愿意做清军的向导。噶尔丹走投无路，就服毒自杀了。

从那以后，清政府重新控制了阿尔泰山以东的漠北蒙古，给当地蒙古贵族各种封号和官职。清政府又在乌里雅苏台设立将军，统辖漠北蒙古。

（二）战争还在继续

准噶尔部上层分裂势力的活动能否到此告一段落呢？不能。噶尔丹败死后，他的侄子策妄阿拉布坦继续任准噶尔部台吉，准噶尔部又逐渐强大起来，和清政府又发生了矛盾冲突。

1715年，策妄阿拉布坦在沙俄的支持下，又发动叛乱，率兵两千人窜入哈密北境，侵掠五寨。后见哈密戒备森严，无法占据，又改为窜扰西藏。

1718年，康熙皇帝命皇十四子胤禵为抚远大将军，统率大军，驻节西宁，指挥进藏平叛的各路清军。1720年，清军分两路从青海和四川出发，进军西藏，驱逐了策妄阿拉布坦，护送达赖喇嘛六世进藏。以后，清政府又在拉萨设置驻藏大臣，代表中央政府同达赖、班禅共同管理西藏。

不过，康熙皇帝没能彻底平定准噶尔贵族的叛乱就于1722年死了。他所制定的政策，由他的儿子雍正皇帝、孙子乾隆皇帝继续推行并得到贯彻。

第六章 打败俄罗斯

北极熊也是纸老虎

饿极了的北极熊

16世纪前，沙俄本来是个欧洲国家；1581年，沙俄开始越过乌拉尔山，踏入亚洲领土；1632年，沙俄建立雅库次克，开始与中国接壤；1643年，沙俄趁明清交替之际中原动荡之机开始进入我国领土境内，蚕食我国境内早已经归属于大清王朝管辖的黑龙江流域土地，中俄领土纷争开始产生。当然，沙俄的这次入侵可耻地失败了，英勇的达斡尔族人民赶走了侵略者。

1650年，沙俄再度入侵我国黑龙江流域，当地军民在进行了两年多的顽强抵抗后失败；沙俄势力变本加厉，于1654年出兵侵入我国贝加尔湖以东地区，占领了尼布楚；此后双方在这一地区展开了多次的厮杀，互有胜负；康熙皇帝即位以后，沙俄侵略者继续扩大战果，在整个黑龙江流域建立了一系列殖民据点。

康熙皇帝亲政以后，为彻底解决东北边疆问题，进行了认真的准备工作。一切准备就绪之后，康熙皇帝开始于 1669 年遣使赴尼布楚谈判；1670 年双方又在北京进行了第二次谈判。但是，随后开始的“三藩之乱”终止了这一进程：沙俄侵略军又进入精奇里江和额尔古纳河地区。

三藩之乱结束后，清朝政府正式设立黑龙江将军，萨布素为首任将军，属下兵员两千，及时制止了沙俄的进一步侵略活动，也为后来收复雅克萨奠定了基础。

但是，这个时候，正好赶上台湾郑氏政权易主，郑经去世，儿子郑克塽即位，康熙皇帝确定了先南后北的原则，率先解决了台湾问题。1683 年，清朝收复台湾。康熙皇帝开始集中全部精力解决东北边疆问题。然而，康熙皇帝解决东北边疆问题似乎不是那么顺利。

当时的中国不但跟沙俄打过仗，而且这仗还不止打了一次呢。

您想想，不把这些侵略者打服了，他们会老老实实地在和约上签字？笑话！

对俄自卫反击战

中俄双方的两次战役是在同一个地点——雅克萨。

为了弄清敌情，康熙皇帝于 1682 年亲自到盛京，一面派将军彭春、郎谈借打猎为名到边境侦察；一面让当地官员修造战船，建立城堡，准备征讨敌人。两人回来汇报，说只要 3000 人带上红衣大炮 20 门就可解决问题。1683 年年初，康熙皇帝任萨布素为黑龙江将军，同时扩建瑷珲城，为驱逐俄军作准备。

康熙皇帝做好一切准备之后，于 1683 年夏派人送信给雅克萨的俄军头目，命令他趁早退出雅克萨，沙俄军不但不肯退出，反而向雅克萨增

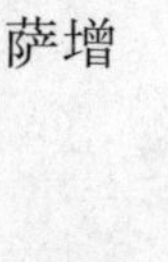

兵，跟清朝对抗。眼看和平解决已经不可能了，康熙皇帝就发布了进军的命令。

1685年正月，康熙皇帝任命彭春为都统，率领陆军水军15000人，浩浩荡荡开到雅克萨城下，把雅克萨围了起来。

沙俄军队经过几年的准备，把城堡修得十分牢固。彭春观察了地形之后，在城南筑起土山，让士兵站在土山上往城里放弩箭。城里的俄军以为清兵要在城南进攻，就把兵力拉到城南。哪知道清军却在城北隐蔽地方放了火炮，趁城北敌人防守空虚，突然轰起炮来。炮弹在城头呼啸着飞向城里，敌人的城楼被炮弹击中了，熊熊燃烧起来。

天色渐渐发白，清军又在城下堆起柴草，准备放火烧城。

俄军头目这才吓慌了神，在城头上扯起白旗投降。

按照康熙皇帝的事前嘱咐，彭春把投降的俄军全部释放，勒令他们撤回本土。俄军头目托尔布津哭丧着脸，带着残兵败将走了。

俄军撤走后，彭春命令士兵把雅克萨城堡全部拆毁，让百姓耕种；接着，带着军队回到瑷珲城。

但是，遭到惨败的俄军头目并没有死心，他们打听到清军撤出的消息，过了不久，又带兵溜回雅克萨，把城堡修筑得更加坚固。

边境的警报传到了北京，康熙皇帝决定把侵略军彻底消灭。1686年夏，康熙皇帝令黑龙江将军萨布尔率军2500人再攻雅克萨。这一次，清军的炮火更加猛烈，俄兵几次出城反扑，都被清军打了回去。守城头目托尔布津中弹死去；留下一批侵略军不得不躲到地窖里，没几天，病的病，死的死，最后只剩下了150个人。

沙俄政府慌忙派使者赶到北京，要求谈判。康熙皇帝才下令停止攻城。

正是在这种情况下，索额图在尼布楚谈判才变得那么顺利。

1685年正月康熙皇帝派彭春
为都统，率领陆军水军
二万五千人围攻驻守
雅克萨的俄军
……
俄军带着残兵
败走。

纪连海语录

当时的中国不但跟沙俄打过仗，而且这仗还不止打了一次呢。您想想，不把这些侵略者打服了，他们会老老实实地在和约上签字？笑话！

打服了再谈判

索额图与俄国谈判前，康熙皇帝谕示：尼布楚、雅克萨、黑龙江上下游及通向此江的一河一溪都属我方。1689 年，中国政府派出代表索额图，沙俄政府也派出戈洛文做代表，在尼布楚举行和谈，划分了两国边界，肯定了黑龙江和乌苏里江流域的广大地区都是中国领土。这就是《尼布楚条约》。这是一个平等条约，是雅克萨战的胜利成果，保障了东北边疆的安定。

第七章 治理天下

经济政策

这一节，我们为您揭开康熙时期促进经济发展的政策情况。

说到康熙时期促进经济发展的政策，主要表现为以下四个方面。

很人性的土地制度

奖励垦荒。在政府财政十分拮据的情况下，命令发给各地穷苦百姓及投诚官兵耕牛、种子和银两，为他们创造垦种田地的有利条件。又如，当时四川地区人烟稀少、经济残破，坚持实行“无论本省、外省文武官员，有能招民三十家入川、安插成都各州县者，量与纪录一次；有能招民六十家者，量与纪录二次；或至百家者，不论俸满，即准升转”的政策。对恢复发展四川经济有着非常重要的意义。

“更名田”。这项措施虽然是鳌拜辅政时期就开始实施的，但是康熙皇帝智擒鳌拜以后，这项政策却完整无缺地保留了下来。继续执行“命查故明废藩田房……给予原种之人，令其耕种，照常征粮”的政策。这就正式承认了农民在明末起义中获得的部分成果。

不加税的好皇帝

顺治十年，也就是 1653 年，清朝政府规定各省赋税制仍用明“一条鞭法”。

“一条鞭法”是明代张居正在经济改革方面提出的一条赋役改革措施，其内容是:“总括一县之赋役，量地计丁，一概征银，官为分解，雇役应付。”“丁”就是人头。“一条鞭法”就是赋役合并，赋税既量地又计丁，用银交纳，其征解由原来的人民自理改为官府办理，州县徭役，由官府出资雇人解决。“一条鞭法”有其进步方面，但对农民有不利方面。根据它的要求，赋税既量地又计丁，无地少地的农民就要吃亏，而拥有大量土地的地主就占便宜。清初继续贯彻此法，农民害怕按人头征税，大量逃亡，而政府因此也难以掌握人口实数，征税困难。

康熙末年，对这种征税办法进行了一些修改。1711 年规定:“盛世滋生人丁，永不加赋。”这就让丁税固定了下来。

到了雍正元年，也就是 1723 年，清廷又根据直隶巡抚李维钧奏请，实行“地丁合一”法，即把固定的丁税摊到地亩上，按亩数征收，取消了丁银项目。这样，田多的丁税多，田少的丁税少，无田则无丁税。田多的地主逃不脱丁税，田少的农民不必有添丁之愁。这种制度显然有助于克服以前按丁计税引起的社会动乱，适应社会经济情况的变化，除对发展生产有一定好处外，大大促进了人口增长。其正面影响是减轻了人身依附，其负面影响是刺激人口增长。1661 年康熙皇帝即位的时候，全国人口 1920

万；到乾隆皇帝在位时期达到 3 亿，道光皇帝时则突破 4 亿。

慈善做得也不错

清朝蠲免赋税始于顺治皇帝在位时期。当时有恩蠲和实蠲两类。早在清军入关后的 1644 年，顺治皇帝就蠲免了都城遭受战争灾难的三年赋役；1651 年，顺治皇帝亲政后，给还九省加派额外钱粮，免山西荒地额粮 15000 顷及直隶山东、河南、陕西荒残额赋。以后蠲免钱粮逐渐成为清朝一贯的政策。

康熙皇帝即位后，蠲免钱粮不仅成为一种经常性的行为，而且每一次的数量都很巨大。“有一年蠲及数省者”或“一省连蠲数年者”，甚至有全国性的蠲免。例如，1710 年冬，康熙皇帝下令将第二年全国的钱粮一概蠲免，并从第二年起，于三年以内，通免一周，使远近均沾，历年旧欠，也都免征。

据史料记载，1691 年与 1703 年康熙皇帝均免除天下钱粮 2759 万多两；1711 年，康熙皇帝普免天下钱粮 2794 万多两，1716 年，普免天下钱粮 2770 多万两；1721 年，普免天下钱粮 2764 万多两。在康熙皇帝在位的 61 年间，政府蠲免钱粮共计 545 次，免除天下钱粮计银 1.5 亿两。

蠲免钱粮原因，首先，为了使粮食生产逐步发展，社会稳定。其次，为了表示关心百姓，以得到群众拥护。灾害是蠲免的另一原因。老百姓受灾，没有收成，不蠲免钱粮，就会引起起义。因此，不得不免了赋税。例如，康熙四十五年（1706 年）免直隶、江南、福建、江西、湖广等 32 州县钱粮就是因为这些省遭了灾。还有嘉庆十一年（1806 年）免直隶、陕西、江西、四川等 56 厅州县灾赋，咸丰四年（1854 年）免河南、山东、

在康熙在位的
六一年间，政府蠲免
钱粮共计五四五次，
免除天下钱粮
计银一五亿两。

纪连海语录

1706年，康熙下令治理黄河。康熙皇帝在御门听政时，大臣们发生意见分歧。经过调查、面奏、辩论、验证等，从正月初十日开始，到十二月二十七日结束，整整进行了一年，才作出决策，真可谓慎之又慎。

山西、福建、湖南、广西等省 129 州县灾赋，光绪元年免浙江被灾新旧赋课等。

水利工程得民心

1706 年，康熙下令治理黄河。康熙皇帝在御门听政时，大臣们发生意见分歧。经过调查、面奏、辩论、验证等，从正月初十开始，到十二月二十七日结束，整整进行了一年，才作出决策，真可谓慎之又慎。康熙皇帝治理黄河决策的全过程如下：

第一，重视治河。康熙皇帝亲政后将三藩、河务及漕运三件大事，书写在宫中柱子上。

第二，寻根溯源。派侍卫探查黄河之源，到星宿海，往返万余里，并绘成舆图。这是中国历史上第一幅经过实际踏查而绘成的黄河图。又永定河，康熙皇帝巡视北京通州段河堤，随驾的有皇太子、皇四子、皇五子、皇八子、皇十四子、皇十五子、皇十七子等。他命诸皇子分钉木桩，学用仪盘，亲自检测仪器，记录测量数据。

第三，任用能臣。康熙皇帝任用治河名臣靳辅和陈潢。靳辅，汉军镶黄旗人，以安徽巡抚授为河道总督。受命后，一日八上奏疏，报告治河之策。他的治河方略是：统审全局，河运并治，浚河筑堤，束水攻沙，多开引河，量入为出。他重点治理黄河、淮河、运河交汇的清口。陈潢，浙江杭州人，善治水，负才不遇，题诗祠壁。靳辅见而惊异，访得引为幕友。疏奏多由陈潢起稿，施工亦由陈潢监理。他们督率民工，日夜辛勤，治河大成。但是，靳辅受到诸臣合讦交攻，发生了意见分歧。

第四，御前辩论。河道总督靳辅与直隶巡抚于成龙在治河方略上意见相左。争论的主要是两个问题：一个是治河水退后出现的田地，是实行屯田还是由豪绅垦占；另一个是为了使河水通畅顺流入海，是开浚海口还是修筑大堤。康熙皇帝不妄加论断，而是命双方在乾清门进行御前辩论，各申己见，互相驳难。关于屯田——于成龙说："屯田夺民产业，不能实行！"靳辅则说："丈出之田，作为屯田，抵补河工所用钱粮。因属吏奉行不善，民怨是实，臣无可辩，唯候处分。"关于开浚海口，靳辅的意见是：开海口虽可泄水，但可能引起海水倒灌。于成龙的意见是：要是加高河堤，堤高一丈五尺，民居在其下面，一旦河决，无数百姓将饱鱼腹。争论没有达成共识，决定再广泛征询意见。

第五，集思广益。辩论双方各有各的理由，康熙皇帝不能决断。他又命乡里临河的在京官员，书写己见，上报朝廷。

第六，会议裁决。康熙皇帝听了两方面的陈述，看了大臣的疏报，交九卿会议裁决：采纳了于成龙的方案，将靳辅罢官，陈潢被削职。

第七，实践验证。康熙皇帝曾数次派大臣视察河工，检验朝廷辩论的意见孰对孰错。后康熙皇帝南巡阅河，靳辅扈行随从。回京后，康熙皇帝肯定靳辅的治河功绩，复还他原来的品级。

第八，改正错误。靳辅之后，命于成龙为河道总督。康熙皇帝召于成龙入京，问："过去你说靳辅之短，现在怎样？"于成龙回答："臣那时妄言，现在也按照靳辅的办法去做。"这是对靳辅治河方案最好的结论。

第九，断不出书。康熙皇帝悉心治河数十年，撰写治河论述，河道总督张鹏翮（hé）请将治河谕旨编纂成书，雕刻颁行，永久遵守。康熙皇帝说："前代治河之书，无不翻阅，泛论虽易，实行则难。河水没有定性，治河不可一法。今日治河之言，欲令后人遵行，断不可行。"这表现了康熙皇帝可贵的科学态度。

文字狱

在康熙皇帝统治期间，清王朝在思想上的专制是十分严酷的，表现之一就是大兴文字狱。

吃人的文字

（一）文字狱的概念和文字狱的盛行

文字狱指因著文作字而获罪。要使你因此而获罪，很容易，找出你的章表诗文，然后寻章摘句，旁牵侧引，罗织罪名，这样你就死得成了。

文字狱由来有两千多年历史了。明洪武年间，清康雍乾年间文字狱极为盛行。而清康雍乾三朝对这类案件捕风捉影之荒唐，牵强附会之怪异，株连之广泛，处理之残酷，无以复加。

（二）最早的文字狱

最早的文字狱发生在春秋时期的齐国。公元前548年，齐国君庄公与大夫崔杼的妻子私通而被崔杼杀了，史官在竹简上写下“崔杼弑其君”，崔杼知道了杀了史官，史官之弟秉承兄业录史，仍记“崔杼弑其君”，亦被杀，后承者仍记录“崔杼弑其君”。这个崔杼看硬的不行改软的，找史官商量，要求别这样写，被拒绝，崔杼退一步，要求不要用这个“弑”字，因为是庄公没有干好事。史官答，不管怎样，臣子杀君王就是“弑”，没得商量。最后，崔杼被他们的正直折服，没再下杀手。后代史官都以能像齐国史官那样秉笔直书为荣。

（三）北宋的“乌台诗案”

北宋的“乌台诗案”也是文字狱的一例，此案中苏东坡差点儿丢了性命，受到株连的有他的弟弟苏辙和司马光、黄庭坚等人，原因就是下面这首诗：

凛然相对敢相欺，直干凌云未要奇。
根到九泉无曲处，世间惟有蛰龙知。

这首诗中的“凛然相对”被人抓住把柄，于是有名的“乌台诗案”立案。

元丰二年（1079年）七月，上任才三个月的湖州太守苏轼被逮回京城，关押在御史台。某些言官“欲置之死”，这期间，神宗皇帝的祖母光献太皇太后病了，神宗要大赦天下给老太太却病延寿。老太后说：用不着大赦天下，你把苏轼给我放了就行了。苏轼这才保全了性命，贬到黄州当了团练副使，这大概相当于今天的县人民武装部部长吧。

（四）明朝初年的文字狱

农民与和尚出身的明太祖朱元璋特别忌讳人家说僧、盗、光等字，连同音同意的生、道、亮、秃等也不行。他登上帝位后，凡章表中有这类字的，即诛杀作者。因他被元朝骂之为贼，贼及贼的近音字则、责、择亦怒之。有一个和尚写诗谢恩：

金盘苏合来殊城，玉碗醍醐出上方。
稠迭滥承天下赐，自惭无德颂陶唐。

朱元璋看了这首拍马谢恩诗认为：殊是“歹”“朱”而合，这和尚是变着法子骂人，杀。这真是拍马屁拍到马腿上了，让马撂蹄子给踢死了。

洪武三年（1370年）下令禁民间用天、国、君、臣、圣、神、尧、舜、禹、汤、文、武、周、秦、汉、晋等字为名。洪武二十六年（1393年）又禁用太祖、圣孙、龙孙、黄孙、王孙、太叔、太兄、太弟、太师、太傅、太保、大夫等为名。

朱元璋驾崩，孙子朱允炆即位，为惠帝。朱元璋的四子朱棣发动政变，带兵打进南京篡了侄儿的帝位，史称“靖难之役”。他命侍讲学士，《太祖实录》总裁方孝儒起草即位诏书。方拒绝，朱棣大怒，方被诛十族（九族再加学生），共处死873人。这桩案件虽然不是写字，却与写字有关，也应该算是文字狱。

（五）清朝的文字狱初年

到了清朝，皇帝的神经更脆弱，对这类事情更敏感，章表诗文中一切能够得上影射、暗示以致可以牵强附会的字句，都会给作者带来杀身灭族

之罪。

按清律，凡谋反者和共谋，主犯凌迟处死，三代内父、子、兄弟及同族之叔伯兄弟及子中16岁以上男子全部斩首，不满16岁的男童阉割后罚为奴，母、妻、妾、姐、妹，不论长幼全部罚为奴。外戚、师生、朋友也逃不了干系，就是死了也要挖出来戮尸。

而文字狱的犯人包括家属、出版者、参订者、抄写人、装订人乃至买书人和当地官员，无一不是谋反罪，都逃不脱以上命运。因此，每起文字狱案件被奴、流、刑、杀的少则几十，多则几百。告发者往往得以升官发财，于是告讦成风，人人自危。一般文人不敢研究和反映现实问题，一头钻进故纸堆，搞考证去了，严重地阻碍了学术的发展。

后世文字狱屡屡被统治者用作思想统治的工具，而清朝统治者尤其是康熙、雍正、乾隆时期经常把文字狱当作手中的紧箍咒，用来威胁迫害怀念明朝、对清朝有反感情绪的汉族知识分子。

在清朝170多个文字狱案例中，实际上只有极少诗文勉强说得上有思念明朝、不满清朝的情绪，而大多数与此根本挂不上钩。

清朝首例文字狱发生在1645年。这年河南乡试，一份中举试卷误将“皇叔父”（指多尔衮）书为“王叔父”，被指为大不敬，主考官欧阳蒸、吕云藻革职，交刑部论罪。

康熙皇帝统治期间发生的文字狱案共有11起，比较典型的有下面3起。

《明史》案

《明史》案发生在顺治十八年（1661年），决谳于康熙二年（1663年）。

康熙皇帝统治
期间发生的
文字狱案
共有二起。

纪连海语录

文字狱指因著文作字而获罪。要使你因此而获罪，很容易，找出你的章表诗文，然后寻章摘句，旁牵侧引，罗织罪名，这样你就死得成了。

明朝天启宰相朱国桢退休后曾著《明史》一书。业已衰落的朱家将稿以千金卖给湖州富户庄廷鑨。该书讲了崇祯朝和南明史事，尊南明弘光、隆武、永历正朔，有指斥清朝词句。庄廷鑨是个瞎子，效法“左丘失明，厥有国语”，将该书作了一些增补，当作自己写的书。修订完后便于顺治十二年（1655 年）病死了。其父庄允城将书易名《明史辑略》，请崇祯十三年（1640 年）进士、在南明弘光政权中担任过礼部尚书的李令皙作序，又邀江南 18 位名士列为参订。

庄廷鑨的岳父朱佑明是大富豪，顺治十七年（1660 年）以庄廷鑨之名将该书印行于世。

很多人都想利用书中违碍之处向庄允城敲竹杠。庄允城都用钱财堵了他们的口。康熙二年（1663 年），归安县（在今浙江吴兴县）吴之荣，罢了知县，想借告发立功，以图东山再起，将此事报告杭州将军松魁。松魁与巡抚朱昌祚讨论了这事后，朱昌祚以书面形式报告督学胡尚衡。庄允城知道后，通过贿赂免予起诉。之后，庄允城将指斥清朝的话稍加修改重刊。吴之荣看到他第一次告密失败，但未死心，便买了初刊到京师直接告到司法部门。吴之荣向来怨恨南浔（吴兴县东）富人朱佑明。刑部于康熙元年派人到湖州调查，认为此书有八大罪。主要罪名是扬明朝，毁本朝。庄允城、朱佑明被逮至京城。

当时正是鳌拜等四大臣当政，利用此书大做文章，下令严审，给那些怀念明朝的人一点儿颜色看看。庄廷鑨被掘墓戮尸，其弟庄廷钺（24 岁）与李令皙被杀头。李令皙的四个儿子也被处以死刑，朱佑明有五个儿子，都被杀了。参校该书的茅元锡（刚任命为朝邑县令）与吴之镛、吴之铭两兄弟与江楚诸名士列于书中者如吴炎等人都被处死，查伊璜、范文白、陆丽京虽受牵连，但因为合词检举，加上广东提督吴六奇的救援，才没被判罪。松魁因为事先没有禀报，被戴上脚镣手铐解赴京师。同时解赴京师的还有其幕客程维藩。松魁以其有免刑特权仅仅被免了官，而程维藩被杀了头。湖江太守谭西闵到任才半个月，案发后，他与推官李焕都以隐匿罪处以绞刑。刻书、印书、订书、送板的与买书的也都被斩首。浒墅关（今吴县西北）货物专卖主事李希白听说阊门（今吴县西北门）书坊有此书，派人去买。李希白和他派的人以及书商都被杀头。李希白所派之人因在书商邻居朱某家等了一会儿，已经70多岁的朱某，与其妻遣送边远地区。此案处死的共70多人，受株连的221余人。罪犯妻子都遣送边远地区给人家做老婆。

吴之荣得到庄家与朱家家产各一半，起用为右佥都御史，后来死于寒热。《私史记事》云：康熙四年七月，"吴之荣归自闽中，行至半山，狂风骤起，雷电交加，之荣随成疟疾，寒热夹攻，两日而死，人皆称为天雷击死之"。

《南山集》案

戴名世《南山集》案是发生在康熙时期的一个大案。

此案需先从方孝标说起。方孝标，桐城（今安徽）人。本名玄成，因避康熙（名玄烨）讳，以字行。顺治时，中进士，官至内弘文院伺读学士。顺治十四年（1657年），族人方猷主持江南考试，与他有勾结作弊行为，结果均被免官戍边，流放到宁古塔，后遇赦。方孝标到云南，当了吴三桂的翰林承旨。吴三桂反清失败，方孝标先迎降，得免死罪。他写有《钝斋文集》《滇黔纪闻》二书。《滇黔纪闻》中有关于南明抗清事实，用南明诸帝纪年。

戴名世，桐城人，字有田，号褐夫，别号忧庵，康熙时期进士，任编修。他立志修明史，认为南明永历朝不能称伪朝，对《滇黔纪闻》十分重视。听了学生余堪口述南明永历朝一个叫犁支的所言，感到该书符合事实，于是在他所写的有关明史文章中采用该书的材料不少。

戴名世在《与弟子倪声》一信中论及修史之例，认为“本朝当以康熙壬寅（1662 年）为定鼎之始，世祖虽入关十八年，时三藩未平，明祀未绝，若循蜀汉之例，则顺治不得为正统”。

戴名世学生尤云鹤从方孝标的集子中选出部分材料，以《南山集偶抄》之名刊行。同时刊行的还有《孑遗录》，记述桐城地区地主、豪绅抵抗农民军之事，署名宋潜虚，因为其戴姓出于宋后，所以讳戴为宋。此书由尤云鹤、方正玉捐款印行。他们俩再加上汪灏、朱书、刘岩、余生、王源都作了序。印刷版藏于方苞家。

1711 年武进人都谏赵申乔（字慎旃）向刑部告发了此事。九卿会审，《南山集》定案。《南山集》案，实际上就是《南山集偶抄》案。此书只不过是为南明争正统，揭露南明隐事而已，但刑部大做文章，株连竟达数百人。戴名世寸磔，方孝标已死戮尸。他们的祖父、父亲、子孙、兄弟以及叔伯父、兄弟之子，凡 16 岁以上者都被杀头，母、女、妻妾、姊妹、儿子妻妾、15 岁以下子孙、叔伯父、兄弟之子给功臣为奴。朱书、王源这时已死，免丁判罪，汪灏、方苞以诽谤朝廷判斩立决。方正玉、尤云鹤发往宁古塔。方孝标儿子方登峰、方云旅，孙子方世樵一并斩首。方家中即使还在居丧守孝的人都处死，尚书韩菼、侗郎赵士麟、御史刘灏、淮扬道王英谟、庶吉士汪汾等 32 人另议降职。康熙闻奏改刑。戴名世斩立决，方孝标之子免死，与其家人流放黑龙江。汪灏、方苞免死，入旗为奴。尤云鹤、方正玉免死罪，其家迁徙边远地区。韩菼以下这些平日与戴名世只因议论文章而被牵连的人，都免予治罪。

王锡侯案

康熙五十五年（1716 年）印行的《康熙字典》，是奉旨编纂的，而且以康熙年号命名，足见政府之重视。可是有个书呆子叫王锡侯的，竟敢批评《康熙字典》，说它收字太多，难以贯穿。他自己编刻了一部《字贯》，意思是说，这本书可以用字义把零散的字贯穿起来，正好弥补了《康熙字典》的不足。此案主犯的发落不说，还连累了两江总督，因查办不力受到降级的处分，江西的布政使、按察使（都相当于今副省长）受株连被革职治罪。其实，王锡侯写《字贯》是想贡献一己之见，想不到竟落得这样的下场。

第八章 情满后宫

皇帝好色

老婆确实有点儿多

在中国，历朝历代的封建皇帝一方面为了满足他们穷奢极欲的糜烂生活，另一方面为了满足他们对于子孙后代的追求，而占有三宫六院七十二嫔妃，宫女三千。

当然了，我们都知道，这宫女三千，肯定是一个虚数——不能作数的。那么，具体到皇帝来说，他们的后宫应该有多少人才是合适的呢？

《礼记》规定："天子后立六宫，三夫人、九嫔、二十七世妇、八十一御妻。"以上共计一百二十人。

大清王朝的康熙皇帝如何呢？康熙皇帝不但不例外地享受着这为数众多的后宫佳丽，而且大有超越历史的态势。

因此，我们说起康熙皇帝身边的女人的时候，只能套用现在非常流行的一句话来形容了，"那是一个相当多呀！"

有清一代，对于皇帝老婆的基本数量，曾在康熙皇帝在位时期，有过没有具体名额限制，皇帝可以随心所欲地无限扩军。康熙皇帝的妻妾人数就已经创纪录了。

纪连海语录

大清王朝的康熙皇帝如何呢？康熙皇帝不但不例外地享受着这为数众多的后宫佳丽，而且大有超越历史的态势。因此，我们说起康熙皇帝身边的女人的时候，只能套用现在非常流行的一句话来形容了，『那是一个相当多呀！』

正式规定——用我们现在的话讲，叫作“红头文件”。其中含糊其辞地要求：皇后一人，皇贵妃二人，贵妃二人，妃四人，嫔六人。但是，皇帝仍有很大的余地。因为嫔以下的贵人、常在、答应等，都没有具体的名额限制。所以，皇帝照样可以随心所欲地无限扩军。

从现有的史料看，康熙皇帝爱新觉罗·玄烨的妻妾人数，就已经是创纪录的了，一生中拥有有名分的妻妾55名。不过，有名分的仅仅是那一小部分，“大头”在没有名分的那一部分。据说，他实际拥有妻妾200多名。

令人无语的辩护文章

在网上，我曾经看过一篇为康熙皇帝辩护的文章。文章中说，虽然康熙皇帝难以越出常规，一生中曾拥有有名分的妻妾达55名之多，但是康熙皇帝在私生活上却绝对不是纵欲无度的昏君，而是具有自控能力的开明天子。

这篇文章的作者还引用了曾经侍奉在康熙皇帝身边的法国传教士白晋和康熙朝理学名臣李光地两个人所书写的材料来证明他的观点。

我们先来看这第一段材料——曾经侍奉在康熙皇帝身边的法国传教士白晋，在回国后献给法兰西皇帝的《康熙皇帝传》（中译本名《康熙皇帝》）中的记载：

> 康熙皇帝不仅能够抑制住愤怒的情绪，而且对其他感情，尤其是最强烈地统治亚洲各国朝廷的情欲也能加以抑制。在中国，从古至今始终把纵欲视为堕落行为，可是按照习俗又是允许的事情。在后宫里，处处散发着

堕落的气息，供养着许多从全国最漂亮的美女中挑选出来的宫女，供君主任意挑选。这些宫女先献给皇上，否则不能出嫁，这是鞑靼人的风俗。君主如果对献上来的美女感到满意，即可留在身边，这些美女的父母则以此为莫大的荣耀。

这种堕落的习俗，损害了中国多少皇帝的身心健康，同时也是发生各种动乱的重要原因。这些中国皇帝只是听凭宦官或大臣们管理朝政，自己并不过问政事，深居后宫，沉溺于美女与酒色之中，一味寻欢作乐。

然而，现在统治着中华帝国的康熙皇帝，非但不沉溺于女色之中，而且意识到必须采取一切办法加以摆脱。

两三年前，康熙皇帝巡视江宁地区时，地方长官以贡品的形式献给皇上七个最漂亮的美女。皇上虽然收留了她们，但连看也不看一眼。几名宫内府官员利用与皇上接近之便，恭敬地推荐了可能使皇上动心的美女。从此以后，皇上对他们冷眼相待，并且把他们分别判处了不同的刑罚。由此可见，康熙皇帝对可能诱惑和腐蚀自己心灵的东西，是如何地警惕啊。

然后，文章的作者对于康熙皇帝的所作所为作出了如下分析：

在白晋眼里，康熙皇帝在私生活上是严肃认真和严格要求自己的。一位日理万机的皇帝，如果成天泡在女人堆里，那国家还能治吗？康熙皇帝虽妻妾成群，但属惯例常规，政策允许，且并不出格，分外不取。所以，从这个意义上说，妻妾成群，不近女色，不但不矛盾，而且顺理成章。

我看到这里的时候，真是无语了。

法国传教士白晋（1656—1730年），耶稣会传教士。白晋于1678年入耶稣会，为法王路易十四选派第一批来华耶稣会传教士之一。第一批来华的传教士以洪若翰神甫为首，于1685年3月3日从法国布雷斯特东渡，于1687年夏抵浙江宁波。1688年年初由南怀仁推荐来京，与传教士张诚同在宫廷供职，教习康熙皇帝天文历法、数学、医学、化学等西洋科学知识，同时学习满文。1693 年，康熙皇帝感觉国内科技人才不足，派他携带赠送法王的珍贵书籍 49 册，回国延聘传教士来华讲授科学，回国后，白晋献给路易十四自己著的《康熙皇帝传》。1699 年，白晋率领数学教师和传教士巴多明（1665—1741 年）等 10 人再度返回北京，受到康熙皇帝的热烈欢迎和重用，随后白晋奉命与其他传教士赴各省测量绘制《皇舆全图》等书。后卒于北京。

客观地说，著《康熙皇帝传》时的白晋是能够经常见到康熙皇帝的，他的著作也是有一定的史料价值的。但是，他的上述这段材料只能证明康熙皇帝对于不安心自己的工作、反而每天都在观察上司个人好恶、企图以此作为自己晋升官阶的官员的不满，而丝毫不能得出康熙皇帝在私生活上是否纵欲无度！

我们再来看这第二段材料——原文作者引康熙朝理学名臣李光地的记述：

康熙四十二年十月二十五日（公元 1703 年 12 月 3 日——原文作者注），西巡途中经太原府，有山西巡抚噶礼（后来成为大贪污犯，判终身监禁——原文作者注），迎驾至庆都，并率百姓百余人前来迎接皇上。百姓们都是夜间站在外面等候，问他们怎么来的，都说被强迫押送来的，不敢不来。准备的轿顶及勾锁都是真金镶制的。每一站都造行宫，顽童妓女班列其中。他向我们说：行宫已费十八万，今天的一切供应馈送物品还需十五万。又说，噶礼准备了四位美女贡献皇上。康熙拒绝说：想用美人计吗？把我看成什么人了？又得知左右官员都接受这样的诱饵，便分别加以治罪。李光地为康熙近臣，他死时，康熙皇帝览遗疏震悼："唯朕知卿最悉，亦唯卿知朕最深"。这样一个人写的回忆录，不能不是实情。

十月二十六日，康熙皇帝谕令噶礼说：如果丰收之年就奢侈浪费，则荒年就一定会发生困难，教之以礼义，导之以守法，重农务本，藏之于民，那么朕就无后顾之忧了。显然这是康熙皇帝对噶礼进献美女的回答。

由于康熙皇帝不近美色，宫中女佣人大大减少。康熙朝乾清宫妃嫔以下，供令使的洒扫宫女以上人员仅 134 人，可谓至少。后来的大臣曾称赞说：不但三代以下所无，虽然在三代以上，也未有如此者。

我看到这里的时候，真是再度无语了。

康熙朝理学名臣李光地（1642—1718 年），字晋卿，号厚庵，又号榕村，福建安溪人。康熙九年（1670 年）进士，历官内阁学士、兵部右侍郎、直隶巡抚、吏部尚书、文渊阁大学士等职。李光地晚年的时候，经常随侍在康熙皇帝身边。

客观地说，李光地的著作也是有一定的史料价值的。但是，他的上述材料也是只能证明康熙皇帝对于像山西巡抚噶礼一样的贪官污吏的憎恨——我们一定要知道的是，这次康熙皇帝西巡的目的之一就是监察贪污犯——而丝毫不能得出康熙皇帝在私生活上是不是纵欲无度！

问题出来了，康熙皇帝是不是一个非常好色的皇帝呢？

回答是肯定的。

亏谁不能亏老婆

在清廷入关后的10个皇帝中，属康熙皇帝的后妃最多，先后有4个皇后、3个皇贵妃、1个贵妃，11个妃子，8个嫔，10个贵人，8个常在，10个答应。此外，还有难以确定的没有名位的那一部分。

我们知道，中国自秦汉开始的所有的封建王朝，皇帝老婆的工资待遇与朝廷命官挂钩，逐步规范化。汉元帝时，皇后下设昭仪，待遇等同宰相；婕妤同上卿，娥同关内侯；以下之华、美人、八子、充依、七子、良使、夜使，共十四级，待遇各相当于朝廷相应级别的官员，岁禄从两千石（粮食）到一百石。唐玄宗开元年间，皇后以下的三名妃子，正一品待遇；六名芳仪，正二品；四名美人，正三品；七名才人，正四品；尚宫、尚仪、尚服各两名，正五品。

到了清代，后宫佳丽按名位、级别，享受不同的待遇，月银、服饰、伙食标准、服务人员数额、住房面积及其装修水平，还有仪仗的规模等，都各有相应的规格。皇太后每年的津贴，累计有二十两黄金，二百两白银。皇贵妃每年八百两银子，配八名女佣；贵妃六百两银子，八名女佣；妃三百两银子，六名女佣；嫔二百两银子，六名女佣；贵人一百两银子，四名女佣；常在五十两银子，二名女佣；答应三十两银子，二名女佣。

皇后有十二名女佣，一年的津贴为一千两白银。分配给皇后的“耐用消费品”，件件工艺精湛，在一般的“工艺美术品商店”里，都难得一见。其中有：玉盏金台、金方、金茶瓯盖、嵌绿松石金匙、镶金象牙筷子、银方、银盂、铜遮灯、铜簸箕、银八卦炉，各一个（付）；金执壶、金匙、金云包角桌子、洋漆矮桌、银火壶、银锅、银罐、铜提壶、铜八卦炉、铜手炉、铜舀子、锡池、锡火壶、锡里儿（储冰用的冰箱）、锡屉钴、铁火钳子，各两个；银勺、银茶壶，各三个；铜瓦高脚灯、锡茶碗盖、锡背壶、铁火罩、铁座更灯、磁渣斗、羊角把手灯，各四个；金碗、铜签盘、铁火炉，各五个；金碟、铜剪烛罐，各六个（付）；银茶瓯盖、镶银象牙筷子、锡壶，各八个（付）；银碗、银匙、锡盆、香几灯，各十个；银背壶十三个，漆茶盘十五个，戳灯二十个，漆皮盒二十五个，漆盒二十六个；银盘、银茶壶，各三十个；黄瓷碟四十个；各色瓷碗、瓷碟，各五十个；黄瓷盘八十个；黄瓷碗、盃，各一百个。慈禧太后在后宫称王称霸，所有供应往往超标，有些东西专门为她制作。她的寝宫中，夜晚亮如白昼，灯放在十几个紫檀木制作的架子上。那灯架子，凤舞龙蟠，雕工极其精美细腻。

清代，正一品大员禄米九十石，俸银一百八十两；从九品官儿禄米十五石，俸银三十两——当官儿还不如做后妃！

皇后有如此丰厚的物质待遇，又手握统率数千名“娘子军”的大权，“姐妹”们当然看着眼红。能取而代之，再好不过；即便不能，也要各显神通，尽量从皇上身上多揩一些油水。

康熙老婆大盘点

我们在前面说过，康熙皇帝的后宫中，有名分的后妃共计有五十五人之多。在上述这些人当中，有四个皇后、三个皇贵妃、一个贵妃，十一个妃子，八个嫔，十个贵人，她们是：

1. 孝诚仁皇后赫舍里氏（1654—1674年），满洲正黄旗人，谥号为：孝诚恭肃正惠安和淑懿恪敏俪天襄圣仁皇后。

2. 孝昭仁皇后钮祜禄氏（1654—1678年），满洲镶黄旗人，辅政大臣一等公遏必隆女。谥号为：孝昭静淑明惠正和安裕端穆钦天顺圣仁皇后。

3. 孝懿仁皇后佟佳氏（？—1689年），满洲镶黄旗人，领侍卫内大臣佟国维之女，本是康熙皇帝生母的嫡亲侄女，是康熙的表姐妹。谥号为：孝懿温诚端仁宪穆和恪慈惠奉天佐圣仁皇后。

4. 孝恭仁皇后乌雅氏（德妃，雍正皇帝生母，1660—1723年），满洲正黄旗人，护军参领威武之女。谥号为：孝恭宣惠温肃定裕慈纯钦穆赞天承圣仁皇后。

5. 敬敏皇贵妃章佳氏（？—1699年），满洲镶黄旗人，参领海宽之女。1686年生皇十三子胤祥，死后衬葬康熙皇帝之景陵。生二女，分别下嫁仓津和多尔济。

6. 敦怡皇贵妃瓜尔佳氏（1683—1768年），三品协领祜满之女。侍奉康熙皇帝时为和妃，世宗雍正皇帝尊为皇考贵妃，高宗乾隆尊为皇祖温惠皇贵太妃。生一女，殇。

7. 悫惠皇贵妃佟佳氏（1668—1743年），孝懿仁皇后的妹妹。康熙三十九年册为贵妃，雍正皇帝时尊为皇考皇贵妃，乾隆皇帝时尊为皇祖寿祺皇贵太妃。死后，谥为悫惠皇贵妃。

8. 顺懿密太妃王氏。初为密嫔，后尊封为密妃。生三子，胤禑、胤

禄、胤衸。胤衸八岁夭折。

9. 纯裕勤太妃陈氏。初为勤嫔，被雍正皇帝尊封为勤妃。生一子，胤礼。

10. 温僖贵妃钮祜禄氏（？—1694年），满洲镶黄旗人，孝昭皇后的妹妹，1681年册封为贵妃。生一子，胤䄉；一女，殇。

11. 惠妃纳喇氏（？—1732年），郎中索尔和之女，初为庶妃。康熙十六年册为惠嫔，二十年为惠妃。雍正十年四月初七日薨。享年在七十岁以上。生二子，承庆、胤禔。胤禔是康熙皇帝活到成年的儿子当中的长子。这个惠妃在电视连续剧《康熙王朝》当中是明珠的妹妹，这是错误的——惠妃纳喇氏应当是明珠的堂侄女。

12. 宜妃郭络罗氏（？—1733年），满洲镶黄旗人，佐领三官保之女。康熙十六年册为宜嫔，二十年为宜妃。雍正十一年八月二十五日薨，享年在七十岁以上。生三子，胤祺、胤禟、胤禌。

13. 荣妃马佳氏（？—1727年），员外郎盖山之女。康熙十六年册为荣嫔，二十年为荣妃。雍正五年闰三月初六去世，享年在70岁以上。生有五子一女，其中只有皇三子胤祉长大成人，一女下嫁乌尔衮。荣妃一度非常受宠，康熙皇帝的前六个儿子，有三个是荣妃生的，这便是最有力的证据。

14. 定妃万琉哈氏（1661—1757年），满洲正黄旗人，郎中拖尔弼之女。康熙皇帝时为嫔，雍正皇帝时尊为皇考定妃，后来随儿子履亲王胤祹住，轮到自己的生日的时候，还会被迎进宫去祝贺，但再未进尊封，薨时九十七岁。她是康熙皇帝诸妃中最长寿的。

15. 慧妃博尔济吉特氏（？—1670年），科尔沁三等公吉阿郁锡之女，幼年被选进宫，尚未册封，便于1670年6月7日（旧历四月十二日）去世。6月25日（旧历五月初九）追封为慧妃。

16．平妃赫舍里氏（？—1696 年），满洲正黄旗人，孝诚仁皇后的妹妹，领侍卫内大臣承恩公噶布喇之女，幼年时待年宫中，1691 年生下胤礽，1696 年 7 月 18 日（旧历六月二十日）去世，当月追封为平妃。

17．良妃卫氏（？—1711 年），满洲正黄旗包衣人，内管领阿布鼐之女。生皇八子胤禩。康熙皇帝一废太子之时，皇八子曾被众大臣保举为皇太子，深受其父皇厌恶。康熙皇帝曾说："（皇八子）系辛者库贱妇所生。"（《清圣祖实录》第 261 卷）辛者库的意思是"管领下食口粮人"，也就是内务府管辖下的奴仆。清朝八旗官员获罪后，本人以及家属被编入辛者库，成为戴罪奴仆，以示惩戒。卫氏本人的祖先当有类似经历，才成为辛者库罪籍。她大约是整个清朝妃嫔中母家地位最卑下者。以此条件，她只能充当宫女，从事一些粗活、重活。与皇帝接触的机会也自然大大少于其他宫女。但她竟然被皇帝看中，生育皇子，说明她的自身条件十分优越，是一位美丽出众的女子。燕北老人《清代十三朝宫闱秘史》里说她："美艳冠一宫，宠幸无比，"而且"体有异香，洗之不去"，即使"唾液亦含芬芳气"。这些传说并不可信，但是起码反映出卫氏的确是位美丽出众的女子，不仅在宫中闻名，在民间也有所耳闻。1700 年，她和瓜尔佳氏（敦怡皇贵妃）一同册封为嫔。1711 年 12 月 29 日（旧历十一月二十日）去世，享年当在 40 岁以上。

这样的辛者库"贱妇"就因为她的长相漂亮，康熙皇帝就跟她生了孩子，有的人还说康熙皇帝不好色？

18．宣妃博尔济吉特氏（？—1736 年），科尔沁达尔汗亲王和塔之女，顺治皇帝悼妃的侄女，康熙皇帝的表姐妹。1719 年年初册封为宣妃。1736 年 9 月 2 日（旧历八月初八）去世。

19．成妃，戴佳氏（？—1740 年），满洲镶黄旗人，司库卓奇之女，初进宫为嫔。1680 年生皇七子胤祐。1719 年年初册封为成妃。1740 年 12

月 18 日（旧历十月三十日）去世，享年当在七十岁以上。

20. 通嫔纳喇氏（？—1744 年），监生常保素之女。侍奉圣祖康熙皇帝时为贵人。雍正二年，因其女婿有功，受到尊封。1744 年 8 月 1 日（旧历六月二十三日）去世，享年在叙八十岁以上。二子皆殇（实际上是康熙皇帝第九和第十二个儿子），有一女。

21. 襄嫔高氏（？—1746 年），高廷秀之女。1746 年 8 月 14 日（旧历六月二十八日）去世，享年在四十岁以上。生二子胤禝、胤祎；一女，殇。

22. 谨嫔色赫图氏（？—1739 年），员外郎多尔济之女。1739 年 4 月 23 日（旧历三月十六日）去世，享年在四十岁以上。生一子，胤祜。

23. 静嫔，石氏（？—1758 年），石怀玉之女。1714 年生皇二十三子胤祁，1723 年年初被雍正皇帝尊为皇考贵人。1736 年被乾隆皇帝尊为皇祖静嫔，1758 年 7 月 7 日（旧历六月初八）去世，享年当在六十岁以上。

24. 熙嫔陈氏（？—1737 年），陈玉卿之女，1737 年 2 月 26 日（旧历正月初二）去世，享年在四十岁以上。生一子，胤禧。

25. 穆嫔陈氏（？—1727 年），陈歧山之女，享年在三十岁以上。生一子，胤祕。

26. 僖嫔赫舍里氏（？—1702 年），赍山之女。1677 年册封为僖嫔。1705 年去世，享年当在四十岁以上。

27. 端嫔董氏，员外郎董达齐女。1671 年生皇二女，1677 年册封为端嫔。卒年不详，享年在六十岁以上。1720 年 10 月 10 日（旧历九月初九）入殓。

28. 安嫔李氏，汉军正蓝旗，1677 年册封。大约在雍正年间去世，享年当在六十岁以上。

29. 敬嫔王佳氏，1677 年册封。大约在雍正年间去世，享年当在六十岁以上。

30．贵人郭络罗氏，满洲镶黄旗人，宜妃的妹妹，生皇六女、皇子胤禑。卒年不详。

31．贵人兆佳氏（？—1717 年），即布贵人。1674 年夏生皇五女和硕端静公主，1717 年 2 月 21 日（旧历正月十一）去世，享年当在六十岁以上。

32．贵人袁氏，1689 年生皇六女和硕悫靖公主，下嫁孙承运。卒年不详。

33．贵人那拉氏，生卒年不详。

34．贵人陈氏，1718 年生皇三十五子胤禐，卒年不详。

35．贵人易氏（？—1728 年），1728 年 5 月去世，享年七十岁以上。

36．庶妃钮祜禄氏，1708 年生皇二十女。卒年不详。

37．庶妃张氏，1668 年生皇长女，1674 年生皇四女。卒年不详。

正牌皇后

女人有时挺可怜

孝诚仁皇后赫舍里氏，是索尼的孙女——索尼的长子内大臣噶布喇的女儿，也就是索尼的三儿子索额图的侄女。《康熙王朝》中说孝诚仁皇后赫舍里氏是索额图的女儿，这是错误的。

从前面的介绍中，我们似乎看出了一些问题：大清王朝不是有个规定，说皇帝一定要在蒙古科尔沁部博尔济吉特氏家族中选择皇后吗？怎么这回改了呢？

话还要从顺治皇帝去世之后的局面说起。

1661 年 2 月 5 日（旧历正月初七），顺治皇帝突然去世，年龄不足 8 岁的皇三子玄烨即位，是为康熙皇帝。按照大清王朝的传统，皇帝年幼的时候，国家的政务应该由一两位宗室的亲王摄政，但由于顺治皇帝在位初年睿亲王多尔衮擅权对皇权构成极大威胁的前车之鉴，顺治皇帝和孝庄皇太后决定不依旧制，而是改由异姓大臣来共同辅政，于是确立了四辅臣制。

这样，在同多尔衮斗争中有功的重臣元老索尼、苏克萨哈、遏必隆、鳌拜成为辅政大臣，其中索尼为首辅大臣。四大臣共同辅佐幼主，最初相安无事。然而随着四辅政大臣内部势力的变化，本来位居末位的鳌拜的势力日益扩大。鳌拜这个人太专横，根本不把年幼的康熙皇帝和其他辅政大臣放在眼里。

而此时历经三朝，经历多次宫廷斗争的索尼，以年老多病为由，采取以退为进的策略，不与鳌拜发生冲突的回避态度。

眼看鳌拜权倾朝野，孝庄太皇太后为达到遏制鳌拜的目的，转而笼络索尼父子，一改太宗、世祖两朝均在蒙古科尔沁部博尔济吉特氏家族中选择皇后的传统，册立索尼的孙女赫舍里氏为皇后。

于是，就有了1665年5月22日（旧历康熙四年九月初八），11岁的康熙皇帝和12岁的赫舍里氏皇后遵照孝庄太皇太后懿旨举行大婚典礼的这件事。

很快，1669年夏，康熙皇帝就在赫舍里氏家族的协助之下除掉了权臣鳌拜！

因此，我们说，康熙皇帝迎娶赫舍里氏皇后，完全是一场政治婚姻。

于是问题就出现了，既然这是一桩政治婚姻，那么康熙皇帝与他的第一个皇后——赫舍里氏的关系如何呢？

强扭的瓜也甜

应该说，他们两个人的感情关系还是非常稳定的。换句话说，在康熙皇帝的众多后宫佳丽之中，康熙皇帝本人还是更喜欢他的第一个皇后赫舍里氏。这是为什么呢？

第一，两个人是“发小”。

他们是从小的玩伴，可谓是青梅竹马、总角之交、情投意合。“绕床弄青梅”“羞颜尚不开”，少年初成的康熙皇帝和情窦初开的赫舍里氏皇后这对小夫妻婚后恩爱甜蜜，生活非常和谐，彼此感情颇深。因此，他们是一对幸福的夫妻。

第二，两个人属于“患难夫妻”。

他们共同度过了鳌拜专权的日日夜夜。在他们共同生活的岁月里，赫舍里氏以自己“宫闱式化、淑德彰闻”的得力辅佐，把后宫治理得井井有条，使得康熙皇帝无后顾之忧，能够集中精力料理国政，顺利度过了他即位后的早期阶段，为日后建立康、雍、乾盛世打下了坚实的基础。赫舍里氏皇后不愧为康熙皇帝的贤内助。

第三，两个人属于政治婚姻。

既然是政治婚姻，就容不得少年康熙皇帝对赫舍里氏不好。所谓政治婚姻，是说他们的结合是孝庄太皇太后刻意安排的，其背后的目的是爱新觉罗家族要借助于赫舍里氏家族的手除掉权臣鳌拜。因此，皇后赫舍里氏家族对康熙皇帝有恩。

红颜薄命

我们说完了他们之间的感情，就该说到他们的孩子了。

1670 年年初（旧历康熙八年腊月底），赫舍里氏皇后为康熙皇帝生了一个聪明乖巧、活泼可爱的小皇子承祜。而这个时候的康熙皇帝才 15 岁，赫舍里氏皇后才 16 岁。

可惜的是，康熙皇帝和赫舍里氏皇后的爱情结晶承祜不到4岁就不幸夭折了。这毕竟是赫舍里氏皇后的第一个孩子，由于忧伤过度，赫舍里氏皇后的身体变得孱弱多病。此后的康熙皇帝对赫舍里氏皇后是越发的关爱有加了。

1672年冬，赫舍里氏皇后在京生病，当时康熙皇帝正陪同祖母孝庄太皇太后在遵化汤泉疗养，闻知此信，征得祖母同意，即刻飞骑进京探望。直到皇后病情好转，方才放下心来。

1674年夏，赫舍里氏皇后第二次临盆，康熙皇帝异常高兴，当即取乳名叫保成——这就是后来的皇太子胤礽——康熙皇帝祝愿这个孩子能够平安成长。

然而，赫舍里氏皇后却因难产导致昏迷不醒，几个时辰之后，年仅20岁的赫舍里氏皇后就去世了。赫舍里氏皇后是清朝所有皇后中去世时年纪最小的一位，也是唯一一位因难产去世的皇后。

赫舍里氏皇后去世了，可是皇后的位置不能空缺，总得有人填补这个空缺出来的位置啊！

递补皇后

老二也是短命鬼

赫舍里氏皇后去世三年多之后的1677年秋，康熙皇帝就把这空缺出来的位置赏赐给了钮祜禄氏——辅政大臣遏必隆的女儿，即孝昭仁皇后。这个钮祜禄氏就成为康熙皇帝的第二个皇后。

钮祜禄氏皇后刚刚入宫的时候仅仅是个很普通的妃子，这好不容易才等到了这么一个千载难逢的转正的机会。可惜的是，这个钮祜禄氏皇后却没有福气，仅仅半年后1678年3月18日（旧历康熙十七年二月二十六日），在还没有给康熙皇帝留下任何子女的情况下，就到阴间找赫舍里氏皇后聊天去了，年仅24岁。此时，距赫舍里氏皇后死还不到五年时间。她的丧期正是征讨三藩的关键时期。

老三转正一天就挂了

这样，康熙皇帝就迎来了他的第三个皇后——孝懿仁皇后佟佳氏。佟佳氏，满洲镶黄旗人，领侍卫内大臣佟国维之女，本是康熙皇帝的生母孝康章皇后之亲侄女，即康熙皇帝的嫡亲表姐。1677 年被册封为贵妃，1681 年晋升为皇贵妃，1683 年生皇八女。

很多人把这个佟佳氏皇后误认为满洲人，这其实是错误的。佟佳氏皇后本来姓佟，是汉人出身，是让康熙皇帝改的姓，改成了佟佳。康熙皇帝的母亲佟佳氏也是汉人，也让改了姓。

佟佳氏皇后的命比钮祜禄氏皇后的命还不济，1689 年 8 月 23 日（旧历康熙二十八年七月初九），在她的病势非常沉重的情况下，康熙皇帝念及她是自己母亲的亲侄女，才册封她为皇后。可惜的是，这个佟佳氏只当了一天的皇后，就去找赫舍里氏皇后和钮祜禄氏皇后聊天去了。

从此，直到康熙皇帝病逝，再也没有册封皇后。

问题在于，人们传说中的康熙皇帝的第四个皇后——乌雅氏皇后是怎么一回事呢？

老四死了才转正

康熙皇帝的第四个皇后乌雅氏，其实是死后追封的——换句话说，她生前一天的皇后也没有做过！

乌雅氏皇后是母以子贵的典型代表。

乌雅氏皇后，满洲正黄旗人，她是护军参领威武的女儿。1678 年 12 月 13 日（旧历康熙十七年十月三十日），她为康熙皇帝生下了一个孩子胤禛——这个孩子就是后来的雍正皇帝。可是当时，这个乌雅氏还什么都不是呢！直到1679年，康熙皇帝看到这个乌雅氏所生的孩子命还挺大，没死呀，于是就册封这个乌雅氏为德嫔。1681年，康熙皇帝一看，这个孩子还挺壮实，看来的确死不了了，那就再加封吧，于是再加封乌雅氏为德妃。就在这一年，德妃乌雅氏又为康熙皇帝生下了皇六子胤祚；1682年生皇七女，1683年生皇九女，1686年生皇十二女，1688年生皇十四子胤禵。1723年康熙皇帝去世后，德妃的儿子即位，是为雍正皇帝，尊德妃为皇太后，拟上徽号曰仁寿皇太后，可是还没能够等到正式上册呢，这个皇太后就在1724年7月13日（旧历雍正元年五月二十三日）去世了，享年63岁。

这个乌雅氏皇后为康熙皇帝生了三子三女，活下来两子一女。无论是从生下来的孩子来说，还是从养活了的孩子来说，这个乌雅氏皇后在康熙皇帝的后宫当中属于最棒、孩子最多的——由此可见，这个乌雅氏皇后在康熙皇帝生前还是很受宠的——从另外一个方面来说，这个乌雅氏皇后的身体也属于康熙皇帝的后宫当中最棒的。

附录：康熙大事记

1654 年，5月 4 日（旧历三月十八日）生于紫禁城景仁宫，姓爱新觉罗，名玄烨；

1658 年，入书房读书；

1661 年，父顺治帝死，玄烨即位，改年号为康熙，鳌拜等四大臣辅政；

1662 年，吴三桂率清军入缅，南明政权覆灭；郑成功收复台湾；

1663 年，生母佟佳氏死；

1665 年，大婚，册立内大臣噶布喇之女赫舍里氏为皇后；

1667 年，亲政；

1669 年，禁传天主教，实行“更名田”，智擒鳌拜；

1670 年，颁布《圣谕十六条》，宣布以儒学治国；

1673 年，吴三桂反于云南，三藩之乱爆发；

1674 年，皇七子（二阿哥）胤礽生于坤宁宫，皇后赫舍里氏崩，追谥“孝诚仁皇后”；

1675 年，立嫡子胤礽为皇太子；

1677 年，以安徽巡抚靳辅为河道总督，主持治理黄河；

1678 年，皇太子胤礽出天花，后痊愈；皇后钮祜禄氏病逝，追谥“孝昭仁皇后”。皇十一子（四阿哥）胤禛出生于永和宫，母为德妃乌雅氏；

1679 年，清军攻克岳州，平叛战争取得决定性胜利；

1680 年，朱三太子案发；

1681年，清军进军云南，三藩之乱最后平定；

1682年，达赖五世死，第巴桑结嘉错匿丧不报长达十五年之久；

1683年，收复台湾；

1684年，设台湾府，辖台湾、凤山、诸罗三县，开海开矿；

1685年，永停圈地，第一次雅克萨之战；

1686年，第二次雅克萨之战，设广州十三行；

1687年，孝庄太皇太后病逝，享年75岁；

1689年，中俄《尼布楚条约》签订；

1690年，清军打败噶尔丹于乌兰布通；

1691年，多伦会盟，在蒙古实行盟旗制；

1696年，亲征噶尔丹，昭莫多之战；

1703年，治理淮、黄工程初步竣工，始在承德修建热河行宫（避暑山庄）；

1706年，《全唐诗》编成，《古今图书集成》初稿编成；

1708年，废太子；

1712年，宣布以后滋生人丁，永不加赋；

1713年，册封班禅额尔德尼；

1714年，《律历渊源》修成；

1716年，《康熙字典》修成；

1717年，议定禁海政策及具体办法，准噶尔部策妄阿拉布坦派大策零敦多布领兵侵袭西藏；

1718年，《康熙皇舆全览图》绘成；命皇十四子胤禵为抚远大将军，驻节西宁，指挥进藏平叛各路清军；

1720年，护送达赖六世入藏，驱逐准噶尔军队出西藏；

1722年，12月20日（旧历十五月十三日）病逝于春园寝宫，享年68岁。